KB237419

별을 보는 사람들

아마추어 천문 이야기

차례
Contents

별을 보는 사람들

별과 함께 하는 사람들

평소에 보이지 않던 별이 폭발해 엄청나게 밝아지는 현상을 우리는 초신성이라 한다. 초신성은 별의 진화 단계 연구에 중요한 데이터를 제공하므로 그 발견은 매우 중요하다. 문제는 초신성이 매우 드문 현상이라는 점이다. 우리은하에서는 1000년 동안 단지 3개의 초신성이 발견되었다고 알려져 있다. 하지만 우리은하 외부에는 수천억 개의 은하들이 있으며, 그 은하에서도 마찬가지로 초신성이 발견된다. 따라서 초신성은 일 년에 십여 개씩 발견된다. 1979년에 미국 캘리포니아 대학의 천문학자들은 천체망원경을 이용해 초신성의 자동탐사를 시작했다. 초신성 자동탐사 프로젝트는 외부은하에서 나타나는 초신성을 발견하기 위해 첨단 과학을 접목한 것이다.

이 프로젝트에는 노벨상을 받은 물리학자 루이스 알바레스를 비롯해 많은 연구원들이 참여했다. 그들은 막대한 연구 자금을 끌어들여 관측기계의 자동화를 시도했다. 거대한 77cm 망원경과 최신예 특별 소프트웨어를 장착한 컴퓨터, 그리고 기술력 등 당시의 첨단 과학을 모두 집결했다.

그러나 지구의 다른 한편에서 활동하는 한 명의 아마추어 천문가가 이들 전문가 집단을 웃음거리로 만들 줄은 아무도 생각하지 못했다. 그 아마추어 천문가의 이름은 로버트 오엔 에반스로 오스트레일리아 뉴사우스웰즈 교회의 목사다.

에반스는 밤이 깊어지고 별이 떠오르면 승용차를 타고 교외로 이동한 뒤에 개인용 망원경을 차에서 꺼내 조립한다. 그리고 하늘 탐험을 시작한다. 그는 오랜 관측 경험으로 수천 개의 성운과 은하의 위치와 모습을 기억하고 있다. 하룻밤 관측하는 동안 700개의 은하를 망원경으로 탐색한다. 그는 이미 이러한 관측 습관을 십여 년째 계속해오고 있었다.

1987년 2월 27일, 여느 때처럼 밤하늘의 은하를 탐색하던 에반스는 어두운 작은 은하 옆에서 아주 미약한 빛의 얼룩을 발견했다. 그의 노련한 경험은 직감으로 이 얼룩이 초신성일 것이라는 확신을 갖게 했다. 그것도 아직까지 어느 누구도 발견한 일이 없는 초신성임에 틀림이 없을 것이라고 확신한 에반스는 이 빛의 검증을 의뢰했다.

2시간 뒤, 에반스는 미국 메사추세스주 캠브리지에 있는 국제 천문학 연맹에 초신성 발견을 처음으로 보고했다. 그리고 얼마 지나지 않아 초신성 1987B의 발견 소식이 전 세계로 퍼져나갔다. 1980년 이후 약 10년간, 앞에서 언급한 캘리포니아 대학의 전문가들이 프로젝트 수행으로 발견한 초신성은 불과 3개였다. 그런데 같은 시기에 에반스는 혼자서 무려 15개를 발견했다. 에반스의 망원경은 전문가들의 망원경 대비 1/3의 크기에 불과했다. 또 전문가들의 망원경이 완전 자동화된 수십억 최첨단 시스템이었음에 비해 그의 망원경은 불과 이백만 원 상당의 수동식 싸구려 망원경이었다.

전문적인 천문학의 길을 걷지 않으면서도 에반스처럼 항상 별과 함께 하는 사람들을 우리는 별을 보는 사람들, 또는 아마추어 천문가라 부른다. 그런데 초신성을 발견한 에반스만이 아마추어 천문가의 유일한 스타는 아니다. 십여 개의 혜성을 발견한 호주의 윌리엄 브래드필드나 캐나다의 데이비드 레비 등도 유명한 아마추어 관측가다. 또 기타리스트인 일본의 세끼는 무려 62개나 되는 소행성과 6개의 혜성을 발견했다. 이들은 천문학을 전공하지 않으면서도 별을 보는 사람들로 초신성, 혜성, 소행성 등에서 새로운 발견을 함으로써 천문학 발전에 기여하는 사람들이다.

국제적으로 이름이 알려진 이러한 스타들의 이면에는 영광과 무관하게 묵묵히 밤하늘을 즐기는 수많은 아마추어 천문가들이 있다. 이들은 밤하늘의 별과 함께하는 개인적인 즐거움을 누리면서도 한편으로는 천문학을 비롯한 과학의 발전에 기여하는 역할을 하는 소중한 존재들이다.

과거의 천문학자들

취미에는 여러 가지가 있다. 많은 사람들에게 사랑을 받고 있는 등산, 낚시, 음악 감상 등을 비롯해서 요즈음 급속히 확산되는 신종 레포츠에 이르기까지 그 다양성은 참으로 무궁무진하다. 그러나 그 다양한 취미 중에서도 '별보기' 또는 '아마추어 천문'은 그야말로 특이한 취미에 속할 것이다. 주변에 이런 취미를 가진 사람이 흔치 않기 때문이기도 하고, 내용면에서도 딱딱한 천문학을 취미로 한다는 것인지 아니면 연인과 낭만에 젖은 별점 이야기를 한다는 것인지 짐작이 가지 않기 때문이기도 하다.

그러나 알게 모르게 우리 주변에는 별을 보는 취미를 가진 사람들이 많이 있다. 화성이 잘 보이는 시절을 맞아 퇴근 후 밤마다 화성 관측에 열을 올리는 사람이라든가 날 맑은 주말 밤이면 별을 보기 위해 망원경을 차에 싣고 교외로 떠나는 사람들이 있다. 또 이들 만큼 열성적이진 않더라도 밤늦게 집으로 돌아가면서 하늘을 쳐다보고 오늘은 북두칠성이 어디에서 보이는지 찾아보는 학생들도 있다. 이들 모두 바로 별보기 또는 아마추어 천문 활동을 한다고 할 수 있다.

요즈음 국내에서도 아마추어 천문 인구가 늘어가고 있기는 하지만 대중들에게 널리 알려져 있는 활동은 아니다. 학생 시절에 우주의 신비에 매료되었다가 사회인이 된 후 대부분이 바쁜 일상생활에 찌들려 까마득히 잊어버린다. 그러다가 어느 날 문득 하늘에 별이 있음을 깨닫고 별이 멀어진 생활을 자각하며, 또 과거의 별에 대한 향수를 기억하게 된다.

별보는 활동은 아주 오래전부터 이어져 내려온 것이다. 기원전 수천 년 전까지 거슬러 올라가 보면 별보기는 하늘에 있는 신의 명을 깨닫고 미래를 알고자 하는 점성술적 욕구에서 출발했다. 그러나 별을 보면서 인간은 시간이라는 관념을 깨닫기 시작했고 이것은 농업에 혁명을 불러 일으켰다. 그리고 이 사실은 다시 별보기의 중요성을 깨닫게 해주었다. 그 후 점차 별보는 활동은 자연과학으로 발전하게 되었다.

오늘날의 관점에서 본다면 현대 천문학이 태동하기 이전의 천문학자들은 대부분 오늘날의 아마추어 천문가와 비슷한 활동을 했다고 간주할 수 있다. 과거 그들이 사용한 장비와 관측 방법, 나아가 관측에 대한 사상도 유사하다.

망원경 발명 이전, 최고의 육안 관측가라는 천문학자 티코의 경우를 보면 평생 동안 저택의 천문대에서 행성들의 움직임과 별의 위치에 대해 관측했다. 그는 관측한 기록들을 분석해서 탐구하는 일보다 기록을 모으는데 더 신경을 썼다. 즉 오늘날 아마추어 천문가들의 활동과 유사한 측면이 있다.

망원경으로 처음 하늘을 본 과학자 갈릴레이는 달의 크레이터와 금성의 위상변화, 목성의 위성 등을 발견했다. 하지만 그 또한 자신이 본 것을 과학적으로 분석하기보다 기록으로 남겨 후세에 영향을 끼쳤다. 천왕성을 발견한 대천문학자 윌리엄 허셜도 전문적인 학자가 아니라 음악가였다. 그는 저택에 망원경을 만들어 두고 취미삼아 하늘을 탐색하다가 새로운 행성을 발견했다. 18세기에 새로운 혜성을 찾아 날마다 밤하늘을 뒤진 프랑스 천문학자 메시에의 경우를 보면 그야말로 오늘날 아마추어 천문가들의 활동과 똑같다.

이처럼 별을 보는 활동은 그 뿌리가 아주 오랜 과거 시간까지 뻗어 있다. 미지의 신비한 대상인 별을 탐구하려는 인간의 욕망이 과거부터 현대에 이르기까지 흘러내려오고 있는 것이 바로 별보기 활동이다. 이 활동은 한편으로는 인류 발전에 영향을 주며 천문학이라는 과학의 한 부분으로 스며들었고, 한편으로는 먹고 살 여유가 있는 상류 계층의 지식 탐구 활동의 한 부분으로 그 명맥을 유지해왔다. 오늘날 가끔 외국 영화 등에서 상류층 집안 서재 한쪽 끝에, 또는 책상 위에 작은 금속제의 금빛 망원경이 장식으로 놓여 있음을 흔하게 볼 수 있는 것도 별보기의 이러한 측면을 보여주는 것이다.

별보기와 연관된 3분야

일반인이 하늘에 있는 별을 보기를 좋아한다면 보통 둘 중 하나다. 첫째는 별에 대한 막연한 동경을 가진 경우다. 스테파니와 목동의 사랑 이야기를 다룬 알퐁스 도데의 소설, 「별」

처럼 낭만을 좋아하는 유형이다. 이 부류는 별에 대해 별다른 지식은 없지만 하늘의 별을 보면 마음이 안정되고 좋은 기분을 느낀다고 말한다.

둘째는 별을 과학의 한 분야로 인식하는 부류다. 그렇다고 낭만이란 것이 전혀 없진 않겠지만 별을 보면서 구체적인 무엇인가를 얻어내고자 한다. 별에서 마음의 안정과 생활의 여유를 찾는다는 점에서 이 둘은 일맥상통한 점이 많기는 하지만 협의의 별보기, 또는 아마추어 천문은 둘째 영역의 사람들을 가리킨다. 첫째 영역에 속해 있다가 점차 둘째 영역으로 이전하는 사람들도 흔하다.

좁은 의미의 아마추어 천문에는 크게 세 분야가 있다. 바로 안시관측, 사진관측, 망원경 제작이다.

안시관측이란 눈으로 별을 보는 활동을 의미한다. 안시관측 분야는 장비를 사용하지 않는 경우와 장비를 사용하는 경우가 있다. 맨눈으로 별자리를 찾아나가는 활동이나 밤하늘을 가로지르는 유성을 기록하는 활동은 별다른 장비를 필요로 하지 않는다.

장비를 사용하는 안시관측자들은 쌍안경이나 망원경을 이용하여 별을 본다. 그들의 관측 대상은 전 하늘에 퍼져 있다. 밝게 빛나는 대낮의 태양에서 시작해 달과 행성, 그리고 이름 없는 은하들에 이르기까지 광범위하다. 흔히 천체망원경으로 관측을 한다고 하면 막연히 별을 본다고 생각하기 쉽지만, 실제로 별을 보는 경우는 변광성變光星(빛의 세기나 밝기가 시간에 따라서 변하는 항성) 관측을 제외한다면 극히 드물다. 왜냐하면 별은 무한히 멀리 떨어져 있어서 아무리 성능 좋은 망원경으로 확대해도 맨눈과 똑같이 보이기 때문이다. 즉 맨눈으로 그냥 보는 것과 천체망원경으로 보는 별은 밝기만 차이가 날뿐 똑같다.

안시관측자들이 주로 보는 것은 금성, 목성 같은 행성과 태양계 외부에 있는 성운, 성단, 은하다. 행성은 별에 비해 가까운 거리에 있어서 천체망원경으로 보면 확대되어 맨눈과 다르게 보인다. 거기에다 행성은 자전과 공전에 따라 달리 보여 관측하는 재미가 있다. 반면 성운, 성단, 은하들은 변화가 없지만 하늘에 셀 수 없을 만큼 많이 있다. 즉 보고 또 봐도 끝이 없다. 그래서 성운, 성단, 은하 관측은 미지의 세계를 탐구하는 느낌을 가질 수 있다.

많은 안시관측자들은 단지 보는 것으로 끝내지 않는다. 그들은 때때로 본 것을 스케치하기도 한다. 스케치는 사진이 발명되기 이전에는 매우 중요한 관측 기록이었다. 현대에 들어와서는 그 중요성이 많이 희석되긴 했으나 과거 기록과 비교하기 위해서, 또는 사진으로 파악할 수 없는 미묘한 느낌을 전달하기 위해서 스케치가 아직도 유용한 점이 많다. 잘 그려진 스케치는 사진보다 더 가치가 있는 경우도 있다.

사진관측이란 하늘에 있는 대상들을 사진으로 남기는 활동을 의미한다. 천체 사진가들의 활동은 구체적인 기록으로 남아 가치 있는 데이터를 전달한다는 점에서 천문학에 직접적인 기여를 하는 경우가 많다. 천체사진은 다른 일반 사진과 달리 예술과 과학의 경계선에 있다. 사진관측 분야에도 체계적인 기록을 위해 천체사진을 찍는 사람도 있지만 별을 찍는다는 그 자체가 좋아서 찍는 경우도 많다. 마치 별을 쳐다보는 그 자체가 좋아서 별을 보는 것처럼…….

사진관측자들의 대상도 안시관측과 마찬가지로 크게 본다면 행성과 성운, 성단으로 나뉜다. 이 두 사진은 노출 시간에 있어 극명한 차이가 발생한다. 행성 사진은 찰칵하는 짧은 순간에 찍히지만 성운, 성단 사진은 한 시간 이상의 시간이 걸리는 경우도 흔하다.

최근에는 디지털 기기의 발전으로 아마추어 천체 사진가들의 능력이 과거의 거대 천문대 능력에 육박하고 있다. 디지털 카메라와 천체용 CCD는 아마추어들에게 더욱 화려하고 멋진 사진의 세계를 열어주었다.

천체망원경 제작은 아마추어 천문에서 좀 특이한 분야에 속한다. 그러나 아주 오래전부터 천문과 떼려야 뗄 수 없는 연관성을 가지고 있었다. 망원경이 발명된 직후의 초창기부터 천문학자들은 스스로 망원경을 직접 제작하는 경우가 많았다. 그래서 유능한 관측자이자 제작자를 동시에 겸한 사람도 있었다. 근대에 들어서면서 망원경 제작은 전문가들만의 영역으로 바뀌었지만 그 제작자 대부분은 별을 보는 아마추어들이었다.

현대에 접어들면서 망원경 제작이 상업화의 길을 걸었고, 또 대량 생산하면서 점차 망원경 제작은 아마추어들의 손을 벗어나게 되었다. 하지만 수많은 종류의 망원경이 있고, 특정 대상이나 목적을 위해서는 범용망원경이 아닌 특수망원경이 필요한 경우도 있다. 별을 보는 분야가 고도화될수록 이런 경향은 더욱 심해진다.

이런 이유로 자신만의 특수한 망원경을 가지기 위해 직접 제작에 나서는 사람들이 많이 있다. 천체망원경은 고도로 정밀한 과학 도구다. 그래서 천체망원경 제작은 도를 닦는 작업이라고 일컫기도 한다. 이러한 성격 때문에 천체망원경 제작은 묘하게 사람을 끌어들이는 구석이 있다. 때로 망원경 제작에 빠져 별을 보는 것보다 제작에 더 열을 올리는 사람도 많다. 베테랑 아마추어 망원경 제작자가 만든 망원경은 그 정밀도 등이 시중에서 판매하는 일반 망원경보다 더욱 뛰어난 경우도 있다. 별을 보는 일은 아니지만 망원경 제작도 아마추어 천문의 한 모습이다.

생활 속의 과학 실천

많은 사람들이 혼돈스러워 하는 것은 천문학과 아마추어 천문을 구분하는 일이다. 모르는 사람들은 프로야구와 아마추어 야구를 구분하는 잣대로 천문 또한 구분하지만 사실 이 둘은 서로 다른 영역이자 보완하는 관계를 맺고 있다. 한 예로 아마추어 천문가들은 별자리를 열심히 익히지만 프로 천문학자들은 별자리를 익히지 않으며, 아마추어 천문가들은 다양한 성운, 성단들을 섭렵하지만 프로 천문학자들은 필요한 한 대상만을 연구하기 위해 깊게 파고든다. 아마추어 천문가들은 별이 도심 위를 흐르는 멋진 사진을 찍지만 프로 천문학자들은 그런 사진을 멀리한다.

오늘날 천문학자들의 천문학은 천체물리학이 중심이 되고 있다. 그들은 태양의 중심에서 무엇이 일어나고 있는가를 문제 삼고 그 수학적 방정식을 구축한다. 반면 아마추어 천문가는 백여 년 전 관측 천문학자들이 한 그 영역을 물려받아 이어오고 있다.

아마추어의 정의를 내리자면 보수를 기대하지 않는 사람들이라고 할 수 있을 것이다. 그러나 이 한마디로 아마추어 천문을 정의하기란 부족하다. 일반 사람들이 흔히 생각하는 별과 관련된 활동 영역은 지금 현재 프로 천문학자들의 것이 아니라 아마추어 천문이 포함하는 영역이다. 사실 별자리에 해박한 천문학자는 매우 드물다. 반면 대부분의 아마추어 천문가들은 별자리에 해박하다.

아마추어 천문이란 별을 보는 활동이며 그것은 천문학의 발전을 옆에서 보조해준다. 이것뿐만 아니라 그보다 더 중요한 것은 과학의 대중화를 선도하고 있다는 점이다. 아마추어 천문을 통해 별로 향하는 계기를 얻음으로써 작게는 천문학을 선도할 천문학자가 태어나고 크게는 과학 기술 발전을 선도하는 과학자들이 탄생한다. 이것이야말로 별을 보는 취미가 이 사회에 변하지 않고 앞으로도 오래 기여하는 부분이라 할 수 있다.

우리는 흔히 과학의 생활화, 기초 과학의 저변 확대에 대한 말을 많이 듣는다. 해마다 4월이 되면 국가 시책에 발맞추어 지역 과학관을 중심으로 요란하게 과학행사를 한다. 그러나 그런 일회성 행사로 과학의 저변이 얼마나 확대될 것인지 의문이다. 흔히 컴퓨터 보급 대수로 과학의 저변을 말하기도 하지만 사실 컴퓨터 활용이랑 기초 과학의 토대는 다소 거리가 있다고 본다.

한 나라의 미래를 좌우하는 과학 기술의 발전에서 무엇보다 중요한 것은 기초 과학의 저변이며 그중 천문학은 가장 중심에 있다. 물리나 화학 같은 분야는 가정이나 집에서 직접 생활과 연결하는 것이 어렵고, 어린 학생들에게 꿈을 전달하기도 어렵다. 반면에 별을 보는 천문학은 잠시 창밖을 쳐다보면서도 할 수 있으니 생활 속에 스며들어 있는 학문이라 할 수 있다. 그래서 별을 보는 인구를 살펴보면 그 나라의 과학 저변을 알 수 있기도 하다.

현재 세계에서 아마추어 천문 인구가 가장 많은 나라는 미국과 일본이다. 그 밖에는 영국, 프랑스, 독일 등의 유럽 국가들과 호주다. 이들 나라의 공통점은 부유한 나라이거나 또는 과학 역사의 뿌리가 깊은 나라란 것이다. 이미 노벨상을 배출한 바 있고 과학의 유서가 깊은 동유럽의 국가들도 우리보다 천문 활동이 더 활발하다는 사실은 시사하는 바가 크다.

우리나라의 경우, 아직도 별을 보는 인구가 그리 많지 않다.

여기서 별을 보는 인구란 별에 대한 약간의 지식을 가지고 하늘을 쳐다보는 인구를 의미한다. 그 이유는 과거에 먹고 살기 어려워 별을 볼 만큼 여유가 없었기 때문이다. 요즘엔 당장 먹고 사는 문제가 어느 정도 해결되어 별을 보는 인구가 늘어날 시점이 된 것은 사실이다. 그러나 최근엔 컴퓨터에 대한 관심이 높아져 상대적으로 우주에 대한 관심은 낮아졌다. 과거에는 학생들이 갖고 싶은 물건 첫 순위가 천체망원경이었지만 지금은 컴퓨터로 바뀐 사실을 보면 알 수 있다. 그래서 국내 아마추어 천문 인구가 폭발적으로 늘어날 것을 기대하기란 과거에 비해 오히려 어려운 일이 아닌가 싶다.

국내 아마추어 천문가들의 활동이 지금까지 양이나 질적으로 활성화되지 않은 이유에는 여러 가지가 있다. 그중 가장 어려운 점은 쓸 만한 장비를 구입하기 쉽지 않았다는 것이었다. 천체망원경은 값이 꽤 비싼데다 대부분이 외국 제품들로 그나마 국내에서 구입하기 어려웠다. 그래서 얼마 전까지만 해도 많은 아마추어 천문가들은 직접 망원경을 제작해 사용했다.

요즈음에는 성능이 괜찮은 제품을 국내에서 쉽게 구할 수 있게 되었다. 이에 따라 최근에는 저변 인구 확대는 정체를 보이고 있으나 기존 아마추어들의 질적 수준은 대단히 높아지고 있는 추세다. 특히 개인 천문대를 비롯해 여러 사설 천문대가 세워지면서 천문 보급에 앞장서고 있다. 국가와 사회를 위해서도 바람직한 일이다.

국내 아마추어 천문의 태동

그럼 여기서 국내에서 아마추어 천문이 어떻게 탄생하게 되었는지 잠시 알아보기로 하자.

1972년 10월 4일, 쟈코비니 유성우가 대대적으로 쏟아져 내릴 것이라는 예보가 있었다. 이 유성우는 주기 6.5년의 쟈코비니-진너라는 혜성에서 떨어져 나온 잔해가 유성비가 되어 쏟아져 내리는 현상이었다. 보통의 경우 이 유성우는 있는 듯 마는 듯 했지만 유독 72년에는 지구와 혜성 궤도의 관계에 의해 대대적인 유성우가 출현할 것으로 예고되었다. 이 유성우는 당시 시간당 4만 개의 엄청난 유성비를 보일 것으로 예측됐으며 그것도 가장 관측에 적합한 곳이 우리나라라는 예보가 있었다. 이러한 사실이 대대적으로 보도되자 많은 사람들이 흥분하며 그날을 기다렸다. 이것뿐만 아니라 다른 나라에서도 우리나라에 원정을 오는 사태가 발생했다.

오래전부터 국내에도 별을 보는 사람들이 몇몇 있었다. 그러나 대부분 개인적인 소규모 활동에 불과했다. 쟈코비니 유성우 사태로 일반인들 사이에서 천문에 대한 관심이 폭발적으로 증가하자 이를 계기로 개별적으로 활동하던 아마추어천문가들이 모여 천문 관측을 주도할 단체를 결성하게 된다. 여기에는 당시 천문학 보급에 힘쓰던 여러 교수들과 베테랑 아마추어들, 그리고 많은 학생들이 참여했다. 이런 배경으로 1972년 9월 27일에 만든 단체가 바로 '한국아마추어천문가클럽

1972년 10월 6일 신문 만평.
동아일보 "고바우영감"과
중앙일보 "너털주사"

(KAAA)'이다. 이것이 바로 이 땅에 아마추어 천문이 본격적으로 뿌리를 내리기 시작한 계기다. 별을 보는 사람들의 역사가 이날을 기점으로 시작된 것이다.

이렇게 탄생한 한국아마추어천문가클럽은 이후 정식으로 활동을 개시하면서 본격적으로 천문 보급에 이바지했다. 그리고 시간이 흐르면서 수많은 다른 천문 단체들이 생겼다 사라졌다 하면서 오늘에 이르렀다.

흥미롭게도 세기의 대유성우가 될 것으로 예측된 이 쟈코비니 유성우 천문현상은 그날 밤 뜻밖에도 유성이 거의 떨어지지 않음으로써 실망만 안겨주었다. 깊은 밤에 창밖을 쳐다보던 사람들도, 또 외국에서 건너와 하늘을 올려다 본 전문가들도, 모두 아무것도 보지 못했다. 한마디로 천문학자들과 언론이 벌인 희대의 사기극이 되고 말았다.

여기서 천체 관측에 얼마나 여러 변수가 발생하는지 알 수 있다. 결국 쟈코비니 유성우는 우리나라의 아마추어 천문 역사에 길이 남을 계기를 제공해 줌과 동시에 희대의 사기극 연출이라는 두 가지 결과를 낳았다.

밤하늘 별자리 보기

별자리 알기의 시작

어린 시절, 서울만한 대도시는 아니지만 그래도 대도시에 살았기에 하늘에 뜬 별을 보는 일은 그리 쉽지 않았다. 그래도 맑은 날 밤이면 별자리의 뼈대를 이루는 3, 4등급의 별까지 본 것으로 기억한다. 하지만 그 때는 지식이 짧아서 그 별들이 어느 것인지 구분할 수가 없었다.

책을 보면 봄철에 가장 빛나는 밝은 별이 목동자리의 아크투르스라고 씌어 있었다. 그러나 하늘을 보아도 어느 것이 가장 밝은 별인지 구분하기 어려웠다. 봄 하늘이라 해도 봄의 별자리만 떠있는 것이 아니라 서쪽에는 겨울 별자리가, 동쪽에는 여름 별자리가 일부분 떠있기 때문에 밤하늘의 가장 밝은 별자리라 해서 아크투르스라는 보장은 없었다. 거기에다 금성이나 목성 같은 행성이 떠 있다면 행성을 구분할 수 없는 초보자였으므로 더더욱 문제였다.

가끔 하늘을 쳐다보며 북두칠성을 찾으려고 했다. 북두칠성의 모습이야 이미 잘 알고 있었으나 하늘의 수많은 별을 어떻게 이어야 북두칠성을 그릴 수 있는지는 도무지 알 수 없었다. 북두칠성을 이루는 국자의 크기가 실제 하늘에서 얼마나 되는지도 모르는 상황에서 별자리를 찾는다는 것 자체가 다소 무리였다. 결국 맞는지 틀린지 모르는 상태에서 나름대로 그럴 것이라고 생각하는 별 일곱 개를 찍어두고 이들을 북두칠성이라 생각했다.

초여름이 다가오던 어느 날 저녁, 그 날은 좀 특이한 날이었다. 전시를 대비한 민방위훈련을 한 것이다. 훈련 내용 중 등화관제 훈련이 있었다. 이 훈련은 도심의 모든 가로등과 전등을 끄고 대피하는 훈련이다. 어린 마음에 민방위훈련도 재미있는 일이었기에 일치감치 저녁을 끝내고 건물 옥상에 올라가 훈련 모습을 구경했다. 호루라기 소리와 함께 가로등이 같은 때에 모두 꺼지고 창문 틈으로 새어나오던 불빛마저 하나둘 사라졌다.

하나, 둘, 셋……. 기껏해야 다섯 쯤 세었을까? 까만 밤하늘에 마치 영화가 상영되듯 수많은 별들이 차례로 급격히 불어나며 온 하늘을 뒤덮었다. 동쪽도, 서쪽도, 북쪽도, 모두 별들이 가득한 세상이었다. 밤하늘에 보이는 별들이 수천 개가 넘는다는 사실을 처음으로 느꼈다. 그리고 드러나는 일곱 개의 별!

무엇보다 기쁘고 인상에 남은 것은 서북쪽 하늘에서 찬란히 빛나는 일곱 개의 별이다. 평소에는 도심의 불빛에 가려 보일 듯 말 듯 하던 별 일곱 개가 불빛이 사라진 그날 밤엔 다른 별들과는 뚜렷이 구분될 만큼 왕방울만 하게 그 자태를 드러내고 있었다. 그 모습은 여지없이 책에서 본 북두칠성이었다. 그렇게 난생 처음으로 맞이한 별이 내리는 밤은 내 마음 깊은 곳에 자리 잡았다.

하늘에는 많은 별들이 떠 있다. 사람들은 오래전부터 이 별들을 이어 일정한 그림을 엮어냄으로써 별들을 좀 더 기억하기 편리하게 해왔다. 이것이 바로 별자리다.

밤하늘의 별에 익숙해지는 가장 빠른 방법은 스스로 별자리를 찾아보는 것이다. 그렇다면 어떻게 해야 별자리를 잘 찾을 수 있을까? 무턱대고 별자리를 찾으려고 하면 생각보다 어렵다. 하지만 기준이 되는 별자리를 하나 찾아서 기억한 다음에 이 별자리에서 다른 별자리들을 찾아가면 매우 쉽다. 잘 아는 별자리에서 시작해 책을 보면서 모르는 별자리를 하나하나 찾아간다면 오래 걸리지 않고 모든 별자리를 다 찾을 수 있을 것이다.

별자리를 찾는 기준으로 사용하는 대표적인 별자리는 북두칠성이 속한 큰곰자리나 카시오페아자리다. 이 별자리들은 천구의 북극에 매우 가까이 있어 북반구에 있는 우리나라에서 항상 볼 수 있다. 대개 봄이나 여름에는 북두칠성을, 가을이나 겨울철에는 카시오페아자리를 기준으로 다른 별자리들을 찾는다.

북두칠성은 어떻게 생겼을까? 모두 잘 알고 있듯이 일곱 개의 별들이 늘어서서 국자 모양을 하고 있다. 북두칠성은 늦은 겨울 밤하늘에 북동쪽 지평선 위에서 모습을 드러내기 시작해 봄이 깊어 가면 하늘 높이 떠오른다. 여름이 되면 북서쪽 하늘 아래로 내려가기 시작하고, 가을이 되면 북쪽 지평선 바로 위에 떠 있어서 잘 보이지 않는다.

북두칠성은 하나의 별자리가 아니고 큰곰자리에 소속된 별 무리다. 북두칠성의 국자 부분은 큰곰의 엉덩이고 국자 자루는 큰곰의 꼬리에 해당한다. 큰곰자리는 별자리 중에서 가장 큰 별자리다. 이 곰은 그리스 신화에서 카스토르가 변한 모습으로 알려져 있다.

다른 대표적인 별자리인 카시오페아자리는 W자 또는 M자 모습이다. 카시오페아는 가을밤에 하늘 높이 떠오른다. 신화 속의 카시오페아는 이디오피아의 아름다운 왕비며 안드로메다의 어머니로 알려져 있다.

북두칠성이나 카시오페아자리를 사용해 북극성을 찾아보자. 북극성은 북두칠성 국자의 맨 앞의 두 별을 직선으로 이어 대략 5배가량 연장한 곳에 있다. 놀랍게도 북극성은 우리의 기대와는 달리 하늘에서 전혀 특이하지 않다. 다른 별들과 마

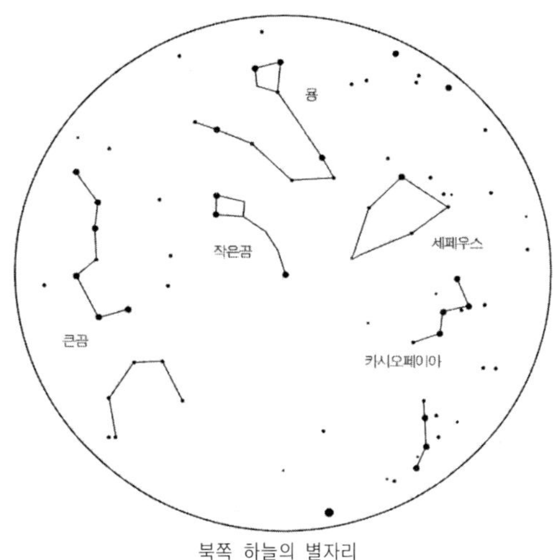

북쪽 하늘의 별자리

찬가지로 평범한 2등급의 별이다. 즉 북두칠성이나 카시오페아를 이루는 밝은 별들과 그 밝기가 거의 같다. 북두칠성, 카시오페아와 함께 북극성을 찾았다면 밤하늘을 인도해 줄 등대를 찾았다고 보면 된다.

북천의 별자리로는 이밖에 세페우스자리, 용자리, 기린자리 등이 있다.

사계절 주요 별자리 탐험

봄철 별자리

봄이 되어 겨울밤을 밝히던 별자리들이 서서히 서쪽으로

넘어가면, 봄의 북쪽하늘에는 북두칠성이 높이 떠오른다. 별자리를 찾는 기본적인 방법은 일단 알고 있는 별자리에서 시작해 부근의 밝은 별을 찾아가는 것이다. 봄의 별자리는 이 북두칠성에서 시작한다.

북두칠성의 손잡이 끝을 둥글게 하늘 중앙으로 이어가면 목동자리의 밝은 별 아크투르스와 만나고 좀 더 남쪽에서는 처녀자리의 1등성 스피카에 닿는다. 이 두 별은 봄의 밤하늘에서 가장 돋보이는 밝은 별로 이 곡선을 봄의 대곡선이라고 부른다.

또 목동자리의 아크투르스, 처녀자리의 스피카와 그 서쪽에 있는 사자자리의 2등성 데네볼라를 이으면 커다란 정삼각형이 만들어진다. 이 삼각형을 가리켜 봄의 대삼각형이라고 한다. 봄의 대곡선과 대삼각형이 봄철 별자리의 기본이 된다.

목동자리의 아크투르스는 봄의 하늘에서 가장 밝은 별이다. 아크투르스는 밤하늘에서 세 번째로 밝은 별로 오렌지색을 띤다. 목동자리는 이 별을 중심으로 3등성, 4등성의 다섯 개 별들이 길쭉한 큰 마름모꼴을 이루고 있다.

봄의 남쪽하늘을 빛내는 처녀자리의 스피카는 하얀색의 1등성이다. 처녀자리는 Y자 형상을 하고 있으며 이 Y자의 아래쪽에 스피카가 있다. 처녀자리는 그리스 신화에 나오는 곡식의 여신인 데메테르로 알려져 있으며, 스피카는 데메테르가 들고 있는 밀의 이삭을 의미한다.

목동자리와 처녀자리의 서쪽에 있는 사자자리는 봄의 밤하

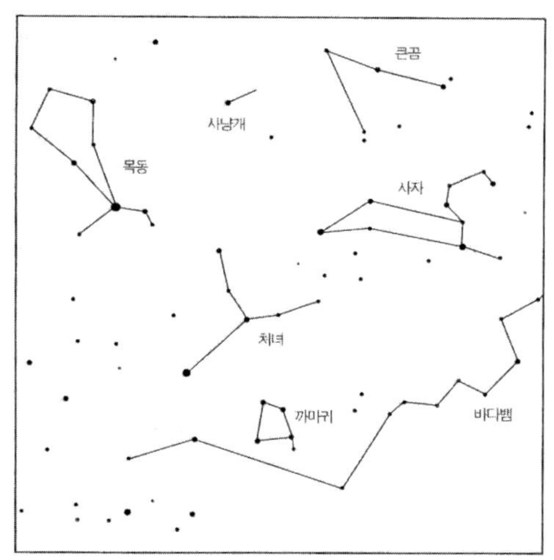

봄 하늘의 별자리. 별자리 그림인 성도는 위쪽이 북쪽, 오른쪽이 서쪽, 왼쪽이 동쪽이다. 남쪽하늘을 보는 상태에서 그림을 하늘 위로 들고 비교해보면 실제 하늘과 방향이 같다.

늘에서 하늘 높이 떠오르는 웅장한 별자리다. 사자의 머리를 그리는 앞부분은 물음표가 거울에 비친 모습처럼 보인다. 이 물음표의 아래쪽에 사자자리에서 가장 밝은 별인 1등성 레굴루스가 빛나고 있다. 사자의 엉덩이 쪽에는 세 별이 작은 삼각형을 이루고 있으며, 이 세 별 중 가장 동쪽에 있는 2등성이 바로 봄의 대삼각형을 이루는 데네볼라다.

봄 하늘 한가운데에 있는 머리털자리와 처녀자리 영역은 수많은 외부은하들의 집산지라고 할 수 있다. 이 방향은 우리 은하의 북쪽 방향으로 밝은 별들이 거의 없고 별 수가 적어서 은하 외부에 있는 다른 은하들이 매우 잘 보이는 창문 같은 곳이다. 그러므로 우주의 끝 부근에 있는 퀘이사 같은 특이 천체들도 대부분 이 지역에서 발견한다.

봄 하늘에는 은하수가 남쪽 지평선 아래로 낮게 흐른다. 그렇기 때문에 우리나라에서는 은하수가 보이지 않고 별의 수도 다른 계절에 비해 그리 많지 않다. 봄 하늘은 여름철이나 겨울철처럼 화려한 맛은 없다. 그러나 어떤 사람은 균일하고 아늑한 맛이 있는 하늘이라고 표현하기도 한다.

봄철의 별자리에는 이밖에도 까마귀자리, 사냥개자리, 컵자리, 육분의자리, 바다뱀자리 등이 있다.

여름철 별자리

대부분의 사람들이 가장 많이 보는 밤하늘은 아마 여름 밤하늘일 것이다. 이것은 춥지 않은 날씨로 인해 다른 계절의 밤보다 여름밤에 활동을 가장 많이 하기 때문이다. 여름 밤하늘의 가장 큰 특징은 바로 은하수다. 밤하늘의 강이라 부르는 은하수는 북쪽에서 남쪽 하늘에 이르기까지 여름 하늘을 가로지르며 우리를 반겨준다. 은하수가 가장 뚜렷한 부분은 남쪽하늘로 궁수자리 부근이다. 이 지역은 우리은하의 중심이 있는 방향으로 각종 성운과 성단들이 얽혀 있어서 가장 복잡하고 화려한 지역이기도 하다.

여름철 별자리 찾기의 시작은 여름의 대삼각형에서 시작한다. 거문고자리의 알파별인 직녀성(베가)과 독수리자리의 1등성인 견우성(알타이르), 그리고 백조자리의 1등성인 데네브를

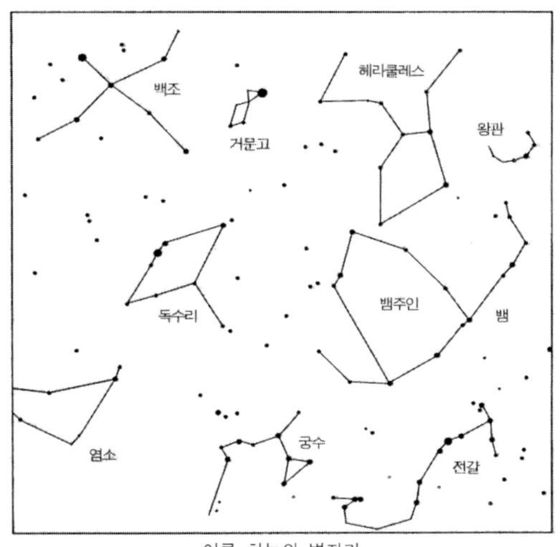

여름 하늘의 별자리

이으면 커다란 삼각형이 만들어진다. 여름 밤하늘에서 가장 밝은 별들로 이루어진 이 삼각형이 바로 여름의 대삼각형이다. 이 삼각형의 중앙으로 은하수가 지나가고 있다.

여름 대삼각형의 서쪽 꼭지점을 이루는 희고 아름다운 별, 직녀성은 여름밤에 떠 있는 별들 중 가장 밝은 별로 거문고자리에 속한다. 거문고자리는 작은 삼각형과 사각형이 붙어 있는 자그마한 별자리로 은하수의 서쪽에 있다. 견우성은 여름 대삼각형의 남쪽 꼭지점에 자리 잡은 밝은 별로 독수리자리에 속한다. 이 별자리는 은하수 한중간에 있다. 독수리자리는 새가 날개를 펴고 날아가는 모습을 담고 있다. 이 별자리는 제우스신이 변장한 모습이라 한다.

백조자리는 여름 대삼각형의 가장 북쪽에 있는 별인 데네브가 속한 별자리로 북천의 십자가로도 알려져 있다. 주요 별들이 큰 십자가를 이룬다. 데네브는 1등성이긴 하지만 대삼각형을 이루는 별들 중 가장 어둡다. 백조자리는 남쪽으로 백조가 날아가는 모습이며 은하수를 배경으로 날고 있다.

여름밤의 또 다른 특이한 별자리는 전갈자리다. 이 별자리는 은하수 남쪽에서 밝은 별들이 S자 형태로 늘어서있는 모습이다. 전갈자리는 머리에 큰 집게가, 꼬리에 독침이 튀어나와 있는 모습이며, 그 심장에 붉은 색 별인 안타레스가 있다. 전갈자리는 남쪽 지평선 부근에 있어서 높이 떠올랐을 때만 전체 모습을 볼 수 있다.

전갈자리 동쪽에 있는 궁수자리는 활을 쏘는 사람, 또는 주전자 형상으로 그려진다. 신기하게도 이 주전자의 주둥이에서 마치 김이 나는 것처럼 은하수가 피어오른다. 이 주전자의 손잡이 부근에 있는 여섯 개의 별은 국자 모습인데 북두칠성과 닮았다고 해서 남두육성이라 부른다. 궁수자리를 이루는 별들은 대부분이 2, 3등성의 밝은 별들이다. 우리나라에서는 장마가 지난 한여름 밤에 남쪽하늘 높이 떠오른다.

이 밖에 여름철 별자리에는 땅꾼자리, 돌고래자리, 헤라클레스자리, 뱀자리, 방패자리, 화살자리, 여우자리 등이 있다.

가을철 별자리
가을철 밤하늘은 북쪽 하늘 높이 자리 잡은 밝은 별들과 남

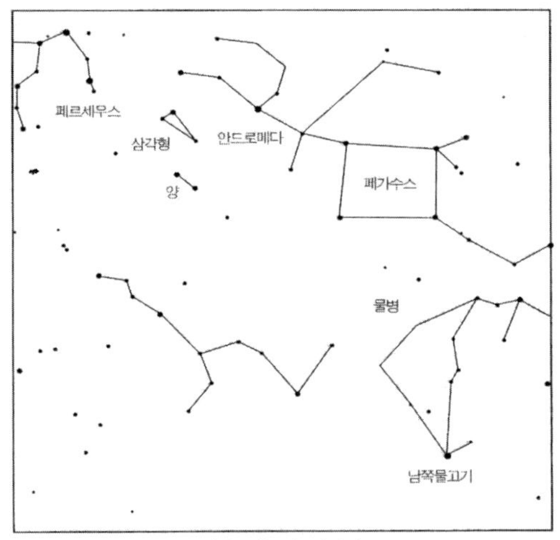

가을 하늘의 별자리

쪽 하늘의 다소 어두운 별들이 극단을 이루며 장식하고 있다. 가을철 별자리에는 다른 계절과는 달리 1등성이 거의 없고 밝은 별들 대부분이 2등성이다.

가을이 되면 은하수는 북서쪽하늘에서 시작해 머리 위를 지나 북동쪽하늘로 흘러간다. 은하수를 따라 북서쪽하늘에는 여름 대삼각형의 한쪽 꼭지점인 백조자리가 저물고 있고, 머리 위에는 가을철 별자리인 페르세우스자리, 북동쪽에는 겨울철 마차부자리가 떠오르고 있다.

가을철 별자리는 북쪽하늘 높이 떠있는 카시오페아자리에서 시작한다. 카시오페아에서 남쪽으로 약간 시선을 돌려보면 머리 바로 위에서 2등성의 밝은 별 네 개가 큰 사각형을 이루고 있는 것을 볼 수 있다. 이것이 바로 가을의 사각형이다. 이 사각형은 하늘을 나는 천마 페가수스자리에 속해 있다. 이 사각형의 서쪽 별들을 이으면 천마의 머리가 그려지고 북쪽에는 천마의 발이 있다. 천마는 하늘에서 거꾸로 매달려 날아다니는 형상이다. 천마 페가수스는 그리스의 영웅 페르세우스가 타고 다니던 하늘을 나는 말이라 알려져 있다.

이 가을의 사각형 북동쪽 꼭지점 별에서 시작해 부근의 밝은 별들을 연장하면 이디오피아의 공주인 안드로메다자리가 된다. 또 페가수스자리에서 같은 방향으로 안드로메다자리만큼 더 연장하면 페르세우스자리에 이른다. 페르세우스자리에는 가을철 은하수가 희뿌옇게 지나가며 별들도 대체로 많은 편이다. 페르세우스자리 알파별 주변에는 유명한 운동성단이 있어 쉽게 확인할 수 있다. 또 페르세우스자리 베타별은 알골이라는 변광성이다.

페르세우스자리에서 북쪽으로 올라가면 이디오피아의 왕비인 카시오페아자리와 왕인 세페우스자리가 있다. 북천의 별자리이기도 한 카시오페아자리는 W자 모습으로, 세페우스자리는 카시오페아자리의 서쪽에서 길쭉한 오각형으로 빛난다.

가을철 남쪽하늘에는 대체로 별들이 어두워 뚜렷한 별자리가 드물다. 가을의 사각형 아래쪽으로 물고기자리와 물병자리가 있지만 별자리에 능숙한 사람이 아니라면 찾기 어렵다. 물고기자리에는 현재의 춘분점이 있다. 춘분점은 3월 21일 춘분날 태양이 하늘에서 위치하는 지점이다. 춘분점은 천구의 적도와 태양이 지나가는 황도가 교차하는 지점으로 천구좌표의 기준이 되는 점이다. 춘분점은 지구의 세차운동에 따라 해마다 조금씩 자리가 옮겨지고 있다.

가을철 남쪽하늘에서 가장 밝은 별은 남쪽하늘 지평선 부근에 있는 유일한 1등성이자 외로운 별이란 뜻을 가진 포말하우트다. 포말하우트는 남쪽물고기자리에 속해 있다. 포말하우트는 주변에서 독보적인 밝기를 가진 별이어서 찾기가 쉬우나 남쪽물고기자리를 찾는 것은 어렵다.

가을의 별자리에는 이밖에 고래자리, 양자리, 삼각자리, 조랑말자리 등이 있다.

겨울철 별자리

겨울밤은 밝은 별들이 많아서 검은 하늘에 마치 보석을 뿌려 놓은 듯이 화려한 느낌을 준다. 겨울 밤하늘에는 사계절을 통틀어 가장 많은 수의 1등성이 빛나고 있다. 그래서 별자리를 찾기에 가장 편하고 쉬운 계절이다.

겨울철 별자리의 시작은 겨울 대삼각형이다. 먼저 겨울철 남동쪽 하늘에는 전 하늘에서 가장 밝고 찬란한 별인 시리우스를 만날 수 있다. 이 푸른 별 시리우스와 작은개자리의 1등성 프로키온, 하늘 중간에 떠있는 오리온자리의 베텔기우스는 커다란 정삼각형을 이루는데 이것이 바로 겨울의 길잡이가 되는 겨울 대삼각형이다.

하늘에서 가장 밝은 별인 시리우스는 큰개자리에 속한다.

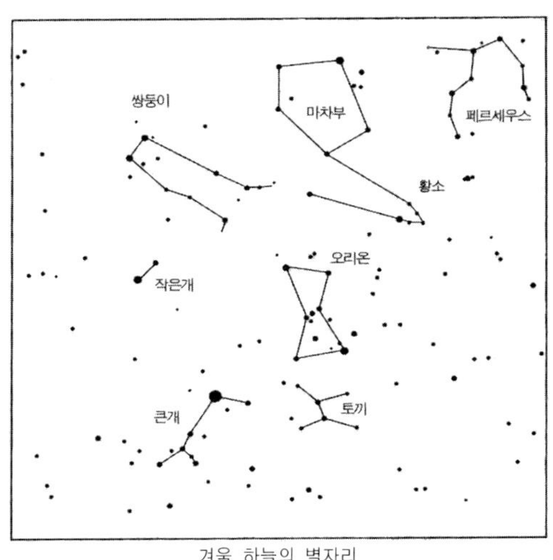

겨울 하늘의 별자리

이 별은 그 자체로 특이한 별은 아니지만 지구에 가까이 있어서 다른 별보다 유난히 밝게 보이는 것이다. 시리우스는 오래 전부터 하늘의 개, 천랑성으로 알려져 왔다. 큰개자리는 오리온자리의 남동쪽 지평선 부근에 있으며 겨울 은하수가 지나가는 별자리다. 겨울 대삼각형의 가장 동쪽에 있는 별은 프로키온이며 작은개자리에 속해 있다.

나머지 한 별인 베텔기우스가 빛나는 오리온자리는 1등성이 두 개 소속되어 있는 특이한 별자리다. 이 별자리는 전 하늘에서 가장 찾기 쉬운 별자리로 매우 인기 있는 별자리다. 오리온자리는 1등성 두 개와 2등성 두 개로 큰 사각형을 이루고, 그 중앙에 세 개의 2등성이 한 줄로 늘어선 화려한 모습을 하고 있다. 사각형의 대각선 꼭지점을 이루는 붉은 색의 베텔기우스와 흰색의 리겔이라는 별이 오리온자리의 대표적인 별들이다. 오리온자리 중앙에 있는 나란한 세 개의 별들은 삼태성이라고 알려져 있으며 오래전부터 그 특이한 모습 때문에 주목을 많이 받아왔다. 오리온은 그리스신화에 나오는 유명한 사냥꾼이다.

오리온자리의 북동쪽에는 밝은 별 두 개가 나란히 빛나는데 이것이 바로 쌍둥이자리다. 이 두 별은 카스토르와 풀룩스라고 이름이 붙었다. 오리온의 서쪽에는 황소자리가 있다. 황소자리에서 가장 밝은 별은 알데바란이라는 붉은 색을 띤 1등성이다. 알데바란 부근에는 작은 별들이 모여 있는 모습이 눈에 뜨인다. 이것이 바로 유명한 히아데스성단이다. 이 성단의 서쪽 옆에 작은 별들이 촘촘히 모여 있는 또 다른 특이한 별무리가 있다. 이것이 바로 플레아데스성단으로 맨눈으로도 여덟 개 가량의 별들이 모여 있음을 확인할 수 있다.

겨울밤 북쪽하늘 머리 위에는 희고 밝은 1등성인 카펠라가 있다. 이 카펠라를 포함해 주변에 있는 다섯 개의 별들이 오각형을 형성하면서 마차부자리를 이룬다.

겨울철 은하수는 북쪽하늘에서 시작해 하늘을 가로지르며 남쪽으로 내려간다. 은하수가 지나가는 북쪽하늘에는 마차부자리가 있고 그 아래로 쌍둥이자리, 외뿔소자리를 거쳐 큰개자리에 이르기까지 희뿌연 모습으로 은하수가 흘러간다. 겨울철 은하수의 특징은 여름철 은하수와 달리 다소 어둡고 흐릿

해서 두드러지지 않는다는 점이다.

겨울철 별자리로는 이밖에 게자리, 고물자리, 토끼자리, 에리다누스자리 등이 있다.

하늘을 밝히는 태양과 달

하늘에는 별들뿐만 아니라 우리가 잊고 있는 또 다른 천체가 있다. 그중에서 생명의 원천이자 에너지원인 태양은 단연 독보적인 존재라 할 수 있다. 태양도 별과 동일한 대상임이 알려진 요즈음 태양을 관측하고 연구하는 것 또한 별에 접근하는 한 방법이다. 낮이면 항상 볼 수 있는 것이 태양이지만, 태양은 너무 밝아서 쳐다보기 어렵다. 대개의 경우 태양을 직접 보는 것은 위험하므로 시도하지 않는 것이 좋다.

천체망원경으로 태양을 관측하려면, 반드시 태양 빛을 줄여주는 태양필터를 사용해야 한다. 태양필터가 없다면 태양 모습을 흰색 스크린에 투영시켜서 태양 표면을 관측할 수 있다. 태양필터를 갖춘 천체망원경으로 태양을 보면 태양의 표면에 검은 흑점이 보인다. 이 흑점은 갈릴레이가 처음으로 발견했다고 알려져 있다. 태양의 자전을 따라 함께 움직이며 한 바퀴 도는 데 약 27일 가량 걸린다. 그러므로 오늘 흑점을 보고 다음날 다시 보면 흑점의 위치가 약간 회전해 있음을 알 수 있다.

태양의 흑점은 많아졌다 적어졌다 하기를 주기적으로 반복

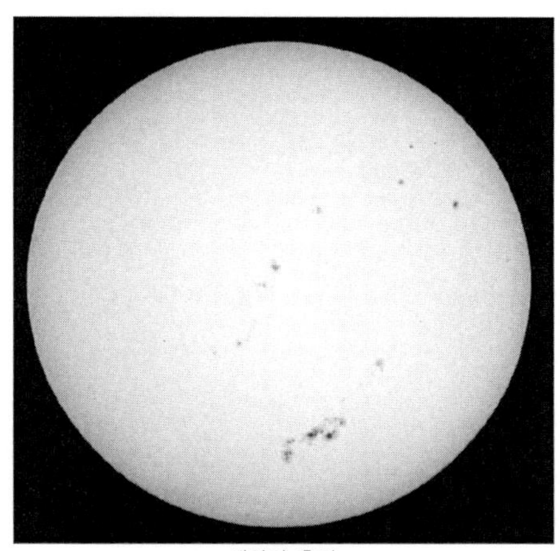

태양의 흑점

한다. 흑점이 많은 기간에는 수십 개의 흑점이 동시에 태양 표면에서 보이지만, 흑점이 적은 기간에는 하나도 보이지 않을 때도 흔히 있다. 흑점수의 주기는 약 11년가량으로 지난 2000년경이 흑점이 가장 많은 시기였다. 다음에는 2011년 무렵이 흑점이 많은 극대기가 될 것이다.

지구에서 가장 가까운 외부 천체는 달이다. 해가 없는 어두운 밤하늘을 밝혀주는 존재인 달은 우리에게 매우 친숙하다. 아마추어 천문 활동 측면에서 본다면 소형망원경으로 가장 흥미 있게 볼 수 있는 대상이기도 하다.

달은 날마다 그 모습이 바뀐다. 초승달에서 시작해서 반달(상현달)이 되었다가 보름달이 된 다음 다시 반달(하현달)이 된다. 이를 우리는 달의 위상변화라 부른다. 흥미롭게도 초승달은 반드시 초저녁 서쪽하늘에서만 보인다. 그러므로 초승달을 동쪽하늘에서 보았다면 그것은 거짓말이다. 또 상현달은 초저녁 남쪽하늘에서 보이고 한밤중에 서쪽하늘로 진다. 보름달은 초저녁이라면 동쪽하늘에서, 한밤중이라면 중천에 떠 있게 된다. 이렇게 되는 이유는 달과 태양의 위치 때문이다. 달이 태양에 대해서 어느 방향에 있는가에 따라 달의 모습이 결정된다. 달이 보름달이 되려면 반드시 태양의 반대편에 있어야 한다.

달이 합삭合朔(달이 태양과 지구 사이에 들어가 일직선을 이루는 때)에서 경과한 일자를 월령이라 한다. 반달은 월령이 7일 또는 8일쯤이고 보름달이 대략 15일이다. 일상생활에서 알고 있는 음력날짜와 약간 차이가 나지만 별을 보기에 그리 차이 없으므로 같은 것이라 여겨도 무방하다.

달에는 우리가 바다라고 부르는 지대가 낮은 지역이 있다. 이 지역에 지구의 바다처럼 물이 있는 것은 아니다. 다만 이름만 그렇게 붙여놓았을 뿐이다. 바다는 지구에서 볼 때 어둡게 보인다. 보름달이 동쪽에서 떠오를 때 이 어두운 지역을 이어보면 토끼 모습이 그려진다. 이 때문에 우리 민족은 오래전부터 달에 토끼가 살고 있다고 생각했다.

갈릴레이는 처음 망원경으로 달을 보고 충격에 휩싸였다고 한다. 깨끗하고 완벽한 모습일 것으로 예상한 달이 실은 곰보투성이의 이상한 모습이었기 때문이다. 오늘날 소형망원경들은 과거 갈릴레이의 망원경보다 그 성능이 훨씬 좋다. 그러므로 우리는 갈릴레이보다 더 자세하게 달의 표면을 볼 수 있다.

천체망원경을 사용해 달의 표면을 보면 밝고 어둠이 교차하는 이지러진 부분에서 가장 확실히 볼 수 있다. 즉 보름달 때에 오히려 달의 표면을 관측하기 어렵다. 흔히 보름달이 가장 달을 잘 볼 수 있는 시기라고 생각하기 쉽지만, 이는 잘못된 생각이며 가장 좋은 시기는 반달을 전후한

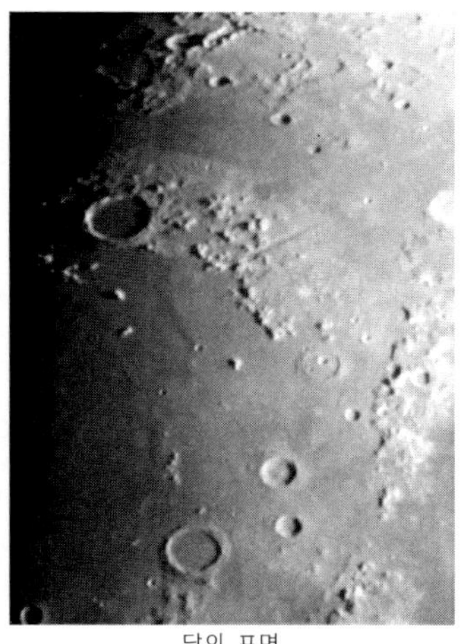

달의 표면

때이다. 반달을 전후한 시점에서 소형망원경으로 보는 달의 모습은 감탄을 불러일으키기에 충분하다.

　달의 표면에는 운석과 충돌해 생긴 크레이터(행성이나 위성 등의 표면에 보이는 움푹 파인 큰 구덩이 모양의 지형)들이 널려 있다. 또 지구와 마찬가지로 산맥과 계곡들이 널려 있다. 이러한 지형에는 대부분 이름이 붙어 있다. 매우 다양하고 복잡한 지형들이 어우러진 달의 표면에는 소형망원경으로도 볼 만한 대상이 수십만 개 이상이라고 한다. 그래서 어떤 사람은 평생 동안 달을 보아도 달을 모두 다 산책할 수 없다고 말하기도 한다. 달은 소형망원경을 가진 아마추어 천문가들에게 최상의 관측 대상이기도 하다. 다른 별을 볼 때처럼 굳이 야외로 원정을 나갈 필요가 없다. 도심에서도 손쉽게 볼 수 있는 여건을 만들 수

있는 것이 바로 달이다. 달의 상세 지도를 펴놓고 망원경으로 하나하나 답사해보면 그 재미는 무엇과도 바꿀 수 없다.

위치와 모습을 바꾸는 행성

얼마 전, 태양이 지고 하늘이 남빛으로 물들어갈 무렵 서쪽 하늘에 초승달이 하나 떠 있었다. 그 달 옆에 매우 밝은 별이 하나 떠 있었다. 그 모습을 본 사람들이 갑자기 언론사로 전화를 걸기 시작했다. 유에프오가 나타났다!

이처럼 일 년에 한두 번쯤, 유에프오를 보았다는 제보가 갑자기 날아든다. 주로 해가 진 직후 서쪽하늘을 보니 평소에 보지 못하던 밝은 빛이 하나 떠 있으면 그것이 외계인이 보낸 비행접시일거라는 생각으로 언론사에 전화를 하는 경우다. 이 빛의 정체는 무엇일까? 바로 금성이다. 금성은 아주 밝아서 다른 별들과 확연히 구분된다. 평소에 하늘을 보지 않던 사람들이 우연히 하늘을 올려보다가 발견하는 금성은 유에프오로 착각할 만큼 엄청나게 밝다.

최근 행성과 비슷한 새로운 천체들을 발견하고 있지만 태양계에 행성은 모두 여덟 개이다. 태양에 가까운 순서대로 나열하면, 수성, 금성, 지구, 화성, 목성, 토성, 천왕성, 해왕성이다. 이중에 지구의 안쪽에 있는 두 행성을 내행성이라 하고 지구의 바깥쪽에 있는 행성을 외행성이라 한다. 수성부터 토성까지 행성들은 맨눈으로도 잘 보여 이미 오래전부터 알려진

행성들이지만, 천왕성 이후의 행성들은 천체망원경을 사용해 새로이 발견한 것이다.

별을 보는 관점에서 행성은 항상 그 자리를 바꾸기 때문에 몹시 성가신 존재다. 특히 초보자들에게 행성은 별자리를 혼란스럽게 만든다. 그러나 행성이 나타나는 위치에는 일정한 법칙이 있으며, 그 모습에서도 별과 구별되는 성질이 있어 조금만 익숙해지면 더는 문제가 되지 않는다. 오히려 그 위치 이동을 따라가면서 행성을 보는 즐거움이 더 커진다.

내행성들을 지구에서 바라보면 그 위치가 태양에서 일정 범위를 벗어나지 못한다. 그래서 내행성은 항상 초저녁이나 새벽녘에만 볼 수 있다. 이 때문에 한밤중에 금성을 보았다던가 하는 일은 절대 있을 수 없다. 수성은 태양에 너무 가까이 있어서 보기 어렵다. 수성을 보는 것은 행성 위치에 대한 해박한 지식이 필요하다. 수성은 지구에서 보았을 때 태양에서 멀어지는 최대이각 시점에만 볼 수 있다. 최대이각은 일 년에 약 6번 가량 일어나며 이 시기가 되면 태양이 진 직후에 지평선 바로 위에 떠있는 밝은 점 모양의 수성을 맨눈으로도 볼 수 있다. 만일 천체망원경을 사용하면 송편이나 반달 모양의 수성을 볼 수 있다.

금성은 샛별이라고 알려져 있을 만큼 너무나 밝아서 매우 보기 쉽다. 초저녁에 문득 하늘을 쳐다보니 매우 밝은 별이 하나 보인다면 그 정체는 거의 금성일 가능성이 크다. 우리는 비록 금성임을 모르고 지나쳤겠지만 누구나 금성을 본 적이 분명히 있을 것이다. 태양과 달을 제외하면 금성이 하늘에서 가장 밝다. 금성도 내행성인 만큼 천체망원경으로 보면 달처럼 위상이 변하는 것을 볼 수 있다.

지구보다 더 먼 곳에 있는 외행성들은 한밤중에 볼 수 있으며 대개 자정 무렵 남쪽하늘에 있을 때가 가장 보기 좋은 시기다. 충이라고 알려져 있는 시기인데 태양-지구-행성이 일렬로 늘어서는 시점이기도 하다. 붉은 빛으로 유명한 화성은 평균 2년 2개월마다 지구에 접근해 잘 관측할 수 있는 기회가 온다. 화성은 작지만 다른 행성보다 가깝고 대기가 엷어서 소형망원경으로도 흥미로운 표면 모습을 볼 수 있다. 화성의 북쪽과 남쪽 끝에 있는 하얀색 극관은 대표적인 볼거리다.

목성은 태양계에서 가장 큰 행성이다. 일 년 중 서너 달은 자정 무렵 하늘 높이 떠있는 목성을 볼 수가 있어 가장 빈번히 소형망원경으로 쳐다보게 되는 대상이기도 하다. 초보자가 목성을 천체망원경으로 보면 너무나 작게 보인다는 사실에 깜짝 놀란다. 하지만 그렇게 작아도 주의 깊게 보면 작은 원반형에 줄무늬가 보인다. 때로는 줄무늬 사이로 붉은 대적반도 쉽게 볼 수 있다. 어떤 망원경에서든 목성의 주변을 돌고 있는 네 개의 위성을 볼 수 있다. 이를 갈릴레오 4대 위성이라 한다. 갈릴레이는 천체망원경으로 이 모습을 처음 보고 이것이야말로 태양계의 모형이라고 생각했다고 한다. 당시로서는 태양 주변을 지구가 돈다는 지동설을 믿기 힘든 시대였기 때문에 이것은 획기적인 발견이었다. 목성 주위를 도는 위성의 모습을 태양계의 축소판처럼 느꼈음에 틀림없다.

　토성은 고리가 있는 특이한 모습이어서 흥미를 끈다. 지금은 목성이나 천왕성, 해왕성에도 고리가 있는 것으로 알려져 있지만, 소형망원경으로 볼 수 있는 고리는 토성뿐이다. 천체망원경으로 보는 토성의 모습은 매우 귀여우면서도 한편으로는 충격적이다. 눈이 예리한 사람은 토성의 고리가 나뉘어져 있다는 사실 또한 확인 가능하다. 토성의 가장 큰 위성인 타이탄도 손쉽게 볼 수 있다.

　천왕성과 해왕성은 최근에 천체망원경을 발명한 뒤에야 발견했다. 천왕성과 해왕성은 거리가 멀고 어두워 소형망원경으로 자세한 모습을 보기 어렵다. 그러나 별과는 다른 행성임은 쉽게 구별할 수 있다.

밤하늘의 보석 - 성운, 성단, 은하

　별자리나 행성은 하늘을 쳐다보는 사람들에게 좋은 관측 대상이지만 본격적으로 밤하늘 관측에 뛰어든 사람들에게 가장 인기 있는 것은 역시나 성운, 성단, 은하다. 이 대상들은 그 위치를 바꾸거나 모양이 변하지 않지만 그 수가 많고, 모습 또한 다양해서 각각 독특한 맛을 느끼게 해준다는 것이 가장 큰 장점이다.

　성운이란 우주공간에 있는 성간가스들이 모인 것이다. 주로 사진에서 붉은 색으로 보이는 것들이다. 가끔 파란색도 있다.

붉은 것을 발광성운이라 하고 파란 것을 반사성운이라 한다. 이 두 성운은 빛을 내는 원리가 다르다. 그러나 소형 천체망원경으로 보아도 그 색상을 알아내기란 어렵다. 대부분의 성운은 매우 어두워서 희미한 흰색으로 보인다. 가장 밝은 성운으로 한겨울 오리온자리에 있는 오리온대성운이 있다. 성운들은 주로 여름철 은하수 주변과 겨울철에 많다.

성단은 별이 모인 것이다. 수만 개의 별이 구형으로 모여 있는 것을 구상성단이라 하고 수백 개의 별이 다소 성기게 모여 있으면 산개성단이라 한다. 소형 천체망원경으로도 큰 성단들은 각각의 별들로 구분해서 볼 수 있다. 여름철 헤라클레스자리의 구상성단이나 봄철 게자리의 프레세페 산개성단 등은 대단히 멋진 모습을 보여주는 대표적인 것들이다. 구상성단은 전 하늘에 분포해 있지만 여름철 궁수자리 주변에 특히 많으며 산개성단은 은하수를 따라 널려 있어 여름, 가을, 겨울에 많이 볼 수 있다.

은하는 수천억 개의 별이 모인 집단으로 우리은하 외부에 멀리 떨어져 있다. 그 모습이 나선형처럼 생긴 것을 나선은하라 하고, 타원형으로 생긴 것을 타원은하라 한다. 때로는 특정 모양과 상관없는 불규칙은하도 있다. 은하는 너무나 멀리 있어서 소형망원경으로 보았을 때 매우 작고 희미하다. 가장 유명한 것은 가을철 안드로메다자리에 있는 안드로메다은하다. 이 은하는 매우 밝아서 야외에서는 맨눈으로도 볼 수 있을 정도다. 은하는 주로 은하수에서 멀리 떨어진 영역에서 보이기

안드로메다 은하

때문에 봄철과 가을철에 많이 볼 수 있다.

성운, 성단, 은하를 관측할 때에 초보자를 혼란스럽게 하는 것은 책에서 보는 천체사진처럼 보일 것이라는 막연한 생각이다. 그러나 어떤 천체도 사진처럼 보이지 않는다. 천체사진은 오랜 시간 동안 빛을 필름에 축적해 그런 모습을 만들어낸다. 사람의 눈은 빛을 축적하지 못한다. 그러므로 망원경으로 보는 천체들은 매우 희미해서 초보자들을 실망하게 만드는 경우가 많다.

하지만 걱정하지 마시라. 실망은 처음 몇 번일 뿐이다. 한두 번 보다보면 어둡고 작은 그 대상들에게서 색다른 묘한 매력을 느끼게 된다. 그리고 곧 성운, 성단, 은하에 푹 빠져들어 날만 맑으면 야외로 떠나고 싶은 충동을 느끼게 될 것이다.

초보자들을 어렵게 하는 또 한 가지는 목적으로 삼은 성운, 성단, 은하를 천체망원경으로 찾기가 너무 어렵다는 점이다. 하늘이 생각보다 넓은데다 대부분의 성운, 성단, 은하들이 작고 어둡기 때문일 것이다. 쉽다고 알려진 대상도 처음 망원경으로 시도할 때에는 너무나 어렵고, 몇 번 밤하늘에서 길을 잃고 나면 만사가 귀찮아지기 시작한다. 그러다 급기야 천체망원경이 방구석에 처박히는 사태까지 발생하게 된다.

서두른다고 일이 해결되지 않는다. 하늘의 길을 알려주는 성도를 가지고 별자리를 익힌 다음 밝은 별을 기준으로 어두운 대상들을 차근차근 찾아나가야 한다. 당연히 처음에는 더 쉬운 대상, 즉 가장 밝고 유명한 성운, 성단, 은하를 대상으로 해야 한다. 다른 사람이 찾아서 보여주는 것보다 자기 스스로 직접 찾아서 보는 것이 훨씬 더 재미가 있다. 그렇게 하나하나 직접 찾아서 관측을 하다보면 어느새 부쩍 실력이 늘어난 자신을 발견할 수 있을 것이다.

성운, 성단, 은하를 찾아다닌 사람들

성운, 성단, 은하는 때로 우리 눈에 별처럼 보이지만 엄밀히 따지자면 별과는 좀 다른 대상들이다. 현대에 들어서 정체가 밝혀지긴 했지만 오래전에는 많은 사람들을 궁금하게 만들던 것이기도 했다.

이 성운, 성단, 은하들 중 크고 밝은 몇몇들은 망원경 없이 맨눈으로도 손쉽게 보인다. 고대 사람들은 별과 어딘지 모르게 다르게 느껴지는 이런 대상들에 대해 기록을 했다. 그것이 바로 황소자리의 히아데스성단, 플레아데스성단과 페르세우스자리의 운동성단 등이다. 이런 거대 성단들은 맨눈으로도 별이 많이 모인 것이란 점을 쉽게 알 수 있었으므로 단지 특이한 별무리란 생각을 했다.

문제는 이보다 더 작은 것들이었다. 맨눈으로 볼 때 각각의 별로 분리되지 않아 뿌옇게 보이는 대상들은 별이라고 하기엔 의문이 많았다. 고대 그리스의 천문학자인 프톨레미는 이러한 대상 여러 개를 지목했다. 페르세우스자리 이중성단, 게자리의 프레세페성단, 전갈자리의 M7, 머리털자리의 성단, 안드로메다은하 등이 프톨레미가 지목한 유명한 대상들이다.

그 후, 망원경이 발명되기까지 티코 브라헤를 비롯한 여러 천문학자들이 특이한 별무리에 대한 목록을 만들곤 했지만 대부분 과학적인 의미는 없었다. 갈릴레이는 망원경으로 프레세페성단을 본 후 이것이 수많은 별들이 모인 집단이라는 사실을 처음으로 깨달았다. 즉 하늘에 보이는 뿌연 대상들이 실제로는 별이 모인 것이라는 사실을 알게 된 것이다. 갈릴레이는 망원경의 성능에 감탄해 우주에 있는 모든 구름같은 천체들은 망원경 성능만 좋다면 별로 분리할 수 있을 것으로 믿었다. 한편 이 무렵 갈릴레이의 친구인 니콜라스 피에르는 오리온대성운을 발견했다. 망원경을 통한 성운, 성단의 발견을 시작한 것이다.

　망원경의 발달은 성운, 성단, 은하의 발견에 획기적인 전기를 가져왔다. 그 대표적인 인물들을 보면 17세기 후반 무렵에 대활약한 천문학자들인 플람스티드, 키르히, 카시니 등이 있다. 18세기 들어 서양의 천문학자들이 유럽이라는 지역을 벗어나 관측을 하게 되면서 남쪽에는 또 다른 밤하늘이 있음을 알게 되었다. 일부 천문학자들은 남아프리카까지 원정을 나가 관측을 했으며 남천에 있는 마젤란은하를 비롯한 새로운 대상들이 알려지게 되었다. 그 대표적인 인물이 라카유로 그는 이 대상들을 별의 밀집도에 따라 성운 등급을 부여했다. 이때까지만 해도 성운, 성단, 은하에 대한 구분은 사실상 없었다.

　별을 보는 사람들 눈으로 볼 때 가장 뚜렷한 업적을 세운 사람은 18세기 프랑스의 천문학자인 메시에다. 그는 원래 혜성을 탐색하던 관측가다. 혜성은 어느 날 갑자기 하늘에 나타나 점차 밝아지며 꼬리를 길게 드리웠다가 다시 어두워지며 저편으로 사라진다. 문제는 혜성이 아직 어두운 초기 상태일 경우 희미한 성운이나 성단과 매우 유사하게 보인다는 것이다. 혜성을 다른 사람보다 먼저 발견하고자 고민한 메시에는 이 문제를 해결하기 위해 하늘에 널려 있는 성운, 성단, 은하들의 목록을 만들기 시작했다. 그는 이전에 이미 발견한 수십 개의 대상들에다 자신이 처음 발견한 수십 개의 대상들을 합해 모두 110개에 해당하는 성운, 성단, 은하 목록을 만들었다. 이것이 바로 유명한 메시에 목록이다.

　메시에가 쓴 망원경은 오늘날의 소형 굴절망원경과 대단히

유사하다. 그러므로 그의 목록 110개에 포함되어 있는 천체는
오늘날 아마추어 관측가들이
소유하고 있는 망원경으로 손
쉽게 볼 수 있는 대상들이다.
실제로 이 목록은 하늘에서 볼
만한 성운, 성단, 은하를 거의
대부분 포함하고 있다. 그러므
로 별을 보는 사람이라면 초보
시절부터 가장 많이 듣고, 보
게 되는 대상이 메시에 대상이
다. 또 나중에 베테랑이 되어
서도 관심을 기울이는 대상이기도 하다.

오리온대성운

　메시에 목록은 M으로 표시한다. 예를 들자면 목록의 첫째
자리를 차지하는 M1은 게성운이며, M31은 안드로메다은하
다. M42는 오리온대성운이고, M44는 프레세페성단, M45는 플
레아데스성단이다.

　메시에 목록의 대상들을 종류별로 분류하면 산개성단이 27
개, 구상성단이 29개, 성운이 4개, 은하가 39개, 초신성 잔해
1개, 성협 1개, 이중성 1개, 은하수 조각 1개, 다른 대상과 중
복된 것이 1개다. 이 대상들은 천구 상의 북위 70도에서 남위
35도 사이에 있어서 우리나라에서 모두 볼 수 있다. 메시에
대상들의 밝기는 매우 밝은 것부터 어두운 것까지 고르게 분
포하지만 대부분 11등급보다 밝아서 야외에서 소형 80mm 굴

절망원경 정도면 충분히 볼 수 있다.

메시에 대상들은 성운, 성단 관측의 중심을 이루고 있다. 메시에 대상들은 비교적 하늘에 고르게 분포하지만 가장 많이 몰려 있는 곳은 은하수 중심부 근처인 여름철 남쪽하늘이다. 궁수자리에 모두 15개로 가장 많은 메시에 대상이 있다. 궁수자리와 전갈자리를 포함한 여름철 남쪽하늘은 화려한 성운과 성단들이 여기저기 널려 있어서 성운, 성단 관측가들이 가장 좋아하는 지역이기도 하다.

반면 메시에 은하들이 많이 몰려 있는 영역도 있다. 봄철 하늘 높이 떠오르는 머리털자리와 처녀자리의 경계지역이 바로 그곳이다. 이곳에는 14개의 메시에 은하들이 다양한 모습을 선보이며 빛나고 있다. 이 은하들은 소형망원경으로 초보자가 관측하기엔 다소 어려운 것들도 있지만 조금만 눈이 익숙해지면 그리 힘들지 않다. 이것뿐만 아니라 메시에 은하들 사이에 더 어둡고 작은 소형 은하들도 널려 있어서 더욱 흥미를 유발한다.

메시에 목록의 대상들은 가을철 남쪽하늘에는 거의 없다. 따라서 태양이 가을철 남쪽하늘에 있어 이곳을 제외한 나머지 모든 하늘을 관측할 수 있는 매년 봄 3월 중순 경에는 하룻밤 사이에 110개의 모든 대상들을 다 관측할 수 있다. 오늘날 아마추어 관측가들은 이러한 특성을 이용해 메시에 마라톤이라는 특이한 게임을 만들어내었다. 메시에 마라톤은 초저녁 해 진 직후부터 시작해 새벽 해뜨기 직전까지 110개의 모든 대상을 자신의 망원경으로 찾아보는 게임이다. 이 임무를 달성하기 위해서는 매우 숙련된 관측 기술과 예리한 눈이 필요하다.

하늘의 방랑자 혜성

오래전부터 사람들은 혜성이 지구 바깥에 있는 천체인지 아니면 대기 중의 현상인지에 대해 의문을 품어 왔다. 이를 처음으로 실증해보인 사람은 유명한 천체관측자인 티코 브라헤였다. 그는 1577년의 거대 혜성과 달의 시차를 비교함으로써 이 혜성이 달보다 더 멀리 있음을 증명해보였다. 행성운동법칙으로 유명한 케플러는 티코의 기록을 바탕으로 혜성이 지구 밖 우주공간을 직선 궤도를 갖고 움직이고 있을 것이라고 생각했다. 비록 그의 주장은 틀렸지만 혜성이 천체의 하나이며 일정한 궤도를 갖고 있다고 생각한 것은 대단한 발전이라 할 수 있다. 케플러의 행성운동법칙은 훗날 뉴턴이 수학적으로 증명했다. 이것이 바로 만유인력의 법칙이다.

영국의 과학자 뉴턴은 혜성이 태양 주위를 포물선 궤도를 그리면서 운동하고 있음을 증명했다. 그는 플람스티드가 관측한 1680년에 혜성에 대해 그 위치와 계산치를 비교함으로써 만유인력의 법칙이 옳다는 사실을 입증했다.

뉴턴이 활동하던 시기에 영국의 천문학자 에드먼드 핼리 또한 뉴턴의 만유인력 법칙에 관심을 갖고 있었다. 뉴턴에게서 혜성 궤도의 계산 방법을 배우게 된 핼리는 지금까지 알려진 여러 혜성의 관측기록을 바탕으로 각 혜성들의 궤도를 계산하기 시작했다. 헬리가 계산한 것들은 1337년부터 1698년까지 관측한 24개의 혜성이었다. 이들 24개의 혜성 궤도를 계산해내자 그중 1531년, 1607년, 1682년의 세 혜성의 궤도요소가 매우 흡사하다는 사실을 밝혔다. 그는 또 이 혜성들이 대략 76년을 주기로 나타났다는 사실에도 흥미를 느끼게 되었다.

결국 헬리는 이들 세 혜성이 동일한 혜성이란 결론을 내렸다. 그는 이 혜성이 태양 주위를 긴 타원을 그리면서 돌고 있기 때문에 주기적으로 지구에 나타난다고 생각했고 다음 76년 뒤인 1758년에 이 혜성이 다시 나타날 것이라고 예언했다. 그러나 불행하게도 헬리는 이 혜성이 나타나기 16년 전인 1742년에 세상을 뜨고 말았다.

헬리가 예언한 1758년, 당시의 천문학자들은 이 혜성을 찾기 위해 혈안이 되어 있었다. 그러나 많은 사람들이 노력했는데도 혜성은 발견되지 않았다. 그의 예언이 잘못됐음을 의심하기 시작하던 연말이 되었을 때, 이 혜성은 극적으로 그 모습을 드러냈다. 바로 1758년 크리스마스이브에 발견한 것이다. 이 혜성을 처음 발견한 사람은 독일의 팔리쯔였다. 하지만 신기하게도 팔리쯔는 천문학자가 아닌 부유한 농장 지주였다. 수많은 천문학자들의 경쟁을 뚫고 농부가 혜성을 처음 발견했다는 사실은 역사의 모순이라 할 수 있다. 이 혜성은 그 다음 해인 1759년 3월 13일에 근일점(태양의 둘레를 도는 행성이나 혜성의 궤도 위에서 태양에 가장 가까운 점)을 통과했다.

한편 프랑스의 클레이로는 핼리의 예언을 바탕으로 해서 1531년에서 1759년 사이에 목성이 핼리혜성에 준 섭동(어떤 천체의 평형 상태가 다른 천체의 인력에 의해서 교란되는 현상)의 영향을 계산했다. 그는 1759년 4월 중순에 핼리혜성이 근일점을 지날 것으로 예언을 했고, 이 계산 결과는 실제와 1개월밖에 오차가 나지 않았다.

결국 이 혜성은 핼리의 예언이 그대로 실현되었으므로 핼리혜성이라 이름 붙였다. 지금도 이 핼리혜성은 1번 주기혜성으로 등록되어 있다.

핼리혜성은 혜성을 대표하는 이름이다. 그 이름은 매우 유명해서 누구나 한 번쯤 들어보았을 것이다. 핼리혜성은 76년마다 한 번씩 우리에게 나타나기 때문에 평생 동안 오직 한 번만 볼 수 있다. 물론 명이 길고 운이 좋은 사람은 두 번을 볼 수도 있겠지만. 이 핼리혜성은 지난 1986년에 우리 눈앞에 나타났다가 사라졌다. 다음에 다시 나타나는 때는 2062년이다.

핼리혜성이 나타날 무렵이면 전 세계 천문학자들뿐만 아니라 일반인들마저도 흥분에 휩싸이곤 했다. 예를 들자면 1910년에 핼리혜성이 나타나기 직전에는 핼리혜성의 꼬리가 지구를 스친다고 해서 난리가 난 적이 있다. 혜성 꼬리야 워낙 희박한 기체덩어리여서 지구에 아무런 문제를 일으키지 않는다. 그러나 혜성 꼬리에 포함된 유독 가스 성분이 지구를 스치면 인류에게 종말이 온다고 해서 때 아닌 종말론이 지구를 휩쓸기도 했다. 물론 핼리혜성이 지나갔지만 아무 일도 일어나지 않았다. 지구가 망하거나 말거나 사람들은 밤하늘에 길게 나부끼는 꼬리를 가진 혜성 모습에 탄성만을 질렀다. 당시 핼리혜성의 꼬리는 하늘 전체를 뒤덮을 정도로 크고 길었다.

가장 최근에 핼리혜성이 나타났던 해는 1986년이다. 1980년대에 접어들었을 때 이미 전 세계의 별을 보는 사람들은 핼리혜성이라는 이름에 동요하고 있었다. 이것은 비단 별을 보는 사람들에게 국한된 것이 아니었다. 모든 사람들이 핼리혜성을 기대하고 있었다.

몇몇 뜻있는 천문학자들과 아마추어들은 핼리혜성에 대한 이 열기를 좀 더 생산적인 방향으로 이끌고자 했다. 그것은 핼리혜성을 일반인들에게 널리 알려 천문 저변 확대를 꾀함과 동시에 과학적으로 가치 있는 데이터를 양산하려는 계획이었다. 이 계획을 수행할 단체를 마침내 결성했는데 그것이 바로 IHW(International Halley Watch)다. 이 IHW의 노력으로 혜성 관측 양식이 통일되었고, 전 세계 아마추어들의 관측 기록 수준이 한 단계 상승하게 되었다. 이것은 국내에서도 마찬가지였다. 핼리혜성은 국내 아마추어들의 관측 기술 발전에도 많은 영향을 미쳤다.

핼리혜성의 다른 회귀 때와 마찬가지로 1986년 핼리혜성도 처음 발견하려는 경쟁이 전 세계에 몰아쳤다. 1986년 핼리혜성을 처음 발견한 때는 1982년으로 태양에 접근하기 4년이나 이전의 시점이었다. 처음 발견한 곳은 미국 팔로마 천문대였으며 이때 핼리혜성의 밝기는 매우 어두운 20등급에 불과했다. 그 후로 핼리혜성은 태양에 접근함에 따라 계속 밝아져서 1985년 여름부터 아마추어들의 소형 장비에도 가시권 안에 들어오게 되었다.

1985년 봄부터 7월까지 핼리혜성은 태양 반대편에 있어 사실상 관측이 불가능했다. 이 무렵 핼리혜성은 오리온자리에서 천천히 이동하고 있었다. 8월에 접어들면서 새벽녘 해뜨기 직전에 그 모습을 드러내기 시작했지만 너무 고도가 낮았으므로 혜성의 검출은 쉬운 것이 아니었다. 9월에 들어서면서부터 새벽하늘에 오리온자리가 상당히 높이 떠오르기 시작했고 핼리혜성 탐사도 본격적으로 시작했다.

이 당시 국내에서도 많은 사람들이 핼리혜성의 첫 발견을 준비해왔다. 언뜻 생각하면 혜성이 있는 곳을 향해 망원경만 빨리 들이대면 가장 처음 볼 수 있는 것 아니냐고 할지 모른다. 그러나 다른 세상일과 마찬가지로 이것이 그리 간단하지 않다. 혜성의 위치와 밝기, 그리고 합당한 크기의 망원경과 관측 기술이 융합되어야 한다. 여기에다 날씨와 달의 영향 등을 고려해야 하니 보통 문제가 아니었다. 또 당시에는 핼리혜성 관련 정보가 열악하기 그지없었다. 이런 어려움을 극복하려면 여러 사람들의 노력과 열정이 필요했다.

가을인 9월은 우리나라에서 가장 맑은 날이 많은 시기다. 하지만 85년의 9월은 공교롭게도 날마다 구름이 하늘을 덮는 악천후의 연속이었다. 그 바람에 당시 핼리혜성 탐사에 나선 사람들은 고생을 말할 수 없을 만큼 많이 했다.

마침내 9월 25일 새벽, 잠시 구름이 개인 틈을 타서 국내에서도 핼리혜성 검출에 성공한다. 그해 11월에 접어들면서 핼리혜성은 망원경을 통한 안시관측이 가능할 만큼 밝아졌다. 그 무렵 신문이나 잡지에서는 '핼리혜성 이렇게 볼 수 있다' 류의 기사들이 상당히 자주 나타났다. 또 핼리혜성과 관련된 책들도 줄을 이어 출판되었다. 이에 따라 핼리혜성의 열기는 점차 고조되어 갔다.

당시의 모든 사람들은 꼬리를 나부끼는 큰 혜성이 멋지게 밤하늘을 수놓는 그런 모습을 상상하고 있었다. 그도 그럴 것이 사진이나 그림으로 보아온 핼리혜성의 모습은 엄청나게 화려했으니까…….

하지만 1986년 핼리혜성의 회귀는 핼리혜성의 입장에서 보면 다시 만나기 어려울 만큼 최악조건이었다. 밤하늘을 가로지르던 꼬리로 명성을 날린 핼리혜성이었건만 1986년에는 최고 밝기가 1986년 4월의 3등급. 그것도 남천에 있어 남반구에 살고 있는 사람들만이 간신히 맨눈으로 볼 수 있는, 그야말로 형편없는 수준이었다.

이런 사실은 이미 관측 초기부터 예측한 내용이지만 핼리혜성의 명성에 익숙한 일반사람들을 조금도 이해시키지 못했다. 핼리혜성이 보인다고 하면 누구나 긴 꼬리의 엄청난 혜성이 하늘에 나부낄 것이라고 상상하고 있었다. 실제 혜성의 모습과 일반인들이 생각하는 기대치의 차이는 실로 엄청난 것이

었다. 76년 만에 맞이하는 대혜성이라고 하기에는 실로 비참

아마추어가 발견한 헤일밥혜성

한 모습이었다.

그럼에도 이 핼리혜성이 끼친 영향은 참으로 컸다. 적어도 우리나라에서는 이 시점을 계기로 별을 보는 사람들 숫자가 두 배 이상 증가했다. 또 관측 장비의 질과 양도 이전보다 월등해졌다. 더욱 중요한 것은 이때부터 제대로 별을 보는 방법을 터득하기 시작했다는 점이다.

혜성은 많다. 하지만 대부분 어둡다. 보통 맨눈으로 관측할 만한 6등급 정도의 밝은 혜성은 1년에 하나 정도 나타난다. 그러나 이런 혜성은 베테랑 관측가가 아니면 거의 보기 어렵다. 초보 관측가들도 볼 수 있을 만한 혜성은 평균 2~3년에 한 번씩 나타나며 일반인도 알 수 있을 만한 대혜성은 10년에 한 번쯤 하늘에 뚜렷하게 꼬리를 드리운다.

혜성이 나타났다는 정보가 뜨면 가장 먼저 할 일은 혜성의 위치와 밝기를 확인하는 것이다. 혜성의 위치는 날마다 조금씩 바뀌므로 주의해야 한다. 대부분 초저녁 서쪽하늘이나 새벽 동쪽하늘에 지평선 부근에서 혜성이 나타난다. 그러므로 생각보다 보기 어렵다. 관측조건이 보통 때보다 좋을 경우 혜성의 밝기가 6등급보다 밝다면 관측을 시도해봄직하다.

혜성 관측법은 성운, 성단, 은하 같은 어두운 대상 관측방법과 같다. 비교적 저배율로 혜성이 있는 하늘의 위치를 수색해 찾는다. 혜성의 머리 부분을 우리는 코마라고 부르는데 초기 단계의 어두운 혜성일 경우 가끔 성운이나 은하와 혼동하는 경우도 있으므로 주의해야 한다.

움직이는 작은 별 소행성

태양계의 구성원이긴 하지만 별로 주목받는 대상이 되지 못하는 것이 있다. 바로 소행성이다. 소행성은 화성과 목성 사이에 떠돌아다니는 수만 개의 작은 행성들이다.

소행성 중 가장 유명한 것은 1번 세레스, 2번 팔라스, 3번 쥬노, 4번 베스타다. 이 중 밝은 것은 세레스와 베스타고 팔라스와 쥬노는 약간 어둡다. 이 소행성들은 6등급에서 9등급 사이의 밝기이므로 망원경 없이 맨눈으로 볼 수는 없지만 쌍안경으로 그 존재를 확인할 수 있다. 그럼 망원경으로는 어떻게 보일까? 소행성은 일반별과 구분할 수 없다. 다른 별들과 똑같이 보이기 때문이다. 그렇다면 어떻게 소행성임을 알 수 있을까? 소행성도 행성이므로 별처럼 한곳에 가만히 있지 않고 서서히 움직인다. 며칠 동안 관측해보면 소행성으로 추정되는 작은 별은 날마다 조금씩 그 위치를 바꾸고 있음을 볼 수 있다.

4대 소행성을 제외하고 가끔 한 번씩 밝아지는 소행성들이 있긴 하지만 관측가들에게 그리 관심을 끌지 못한다. 아무래도 보는 맛이 없기 때문일 것이다. 그보다 오히려 소행성은 다른 측면에서 흥미를 끌어왔다. 바로 소행성 발견 경쟁이다.

소행성은 한때 유명 아마추어들의 관측 기술 경연장이기도 했다. 하늘에 워낙 많은 수의 소행성이 떠돌고 있는데다 상대적으로 그 중요성이 떨어져서 유명 대천문대에서 그리 관심을 기울이지 않았기 때문에 아마추어들이 새로운 발견을 하기에 가장 적합한 것이었다. 소행성을 발견하면 자신이 원하는 이름을 그 소행성 이름으로 추천할 수 있다.

아마추어 관측가들의 소행성 발견 열풍은 세계적으로 보자면 1990년대에 유행했다. 이 무렵 발견되는 대부분의 소행성들은 15-17등급 가량의 밝기로 아마추어들 장비의 한계선에 있었다. 소행성 발견은 한두 시간 차이를 두고 동일 영역의 천체사진을 찍은 다음 두 사진을 비교하는 방식으로 진행했다. 사진에 소행성이 있다면 그 소행성은 다른 별과는 달리 미세하게 움직임이 나타난다. 이처럼 새로운 소행성 발견을 통해 아마추어들도 천문학에 기여한다는 자부심을 갖곤

했다.

최근에는 지구 근접 소행성에 관심이 고조되면서 엄청난 예산을 투입한 세계적인 천문대에서 하늘을 감시하는 대형 망원경이 많아졌다. 이들 대형 망원경은 자동으로 전 하늘을 탐색하며 이에 따라 단번에 수많은 소행성들을 발견한다. 이러한 영향으로 한때 아마추어 천문가들 사이에 불었던 소행성 발견 열풍이 지금은 거의 사라진 상태다.

밤하늘의 빛줄기 유성

우주공간을 떠돌던 미세 먼지인 유성체가 지구에 잡혀 대기로 떨어지면 밝은 빛을 낸다. 이것이 바로 우리 눈에 유성으로 보인다. 하루에도 수없이 떨어지고 그 중 눈에 보일만큼 밝은 것도 상당수다. 몇 시간 하늘을 올려다보면 우리는 서너 개의 유성을 볼 수 있다.

현실적으로 대부분의 사람들은 하늘을 쳐다보는 시간이 많지 않으니 유성을 보는 것도 드문 일이다. 그렇기 때문에 사람들은 유성을 보면 소원을 빈다. 물론 그 소원이 이루어지는지 아무도 모른다. 하지만 그것만으로도 즐겁고 유쾌하다.

유성체의 근원은 대부분이 혜성에서 떨어져 나온 미세먼지들이다. 이 먼지들은 혜성이 태양에 근접하면서 활발히 우주공간에 뿌려지고, 또 혜성의 궤도를 따라 돌고 있다. 만일 지구가 우주공간을 지나면서 이 혜성 궤도 옆으로 지나간다면 중력에 의해 더 많은 수의 유성이 지구로 떨어지게 된다.

일 년 중에 유성이 특별히 많이 떨어지는 날이 있다. 1월 4일의 용자리 유성우, 8월 12일의 페르세우스 유성우, 12월 13일의 쌍둥이자리 유성우를 3대 유성우라고 한다. 이 유성우들은 극대시각 때 1시간에 60개가량 떨어지므로 이 날 하늘을 쳐다보면 더욱 쉽게 유성을 볼 수 있을 것이다. 그중에서도 한여름 밤의 주역인 페르세우스 유성우는 특히 유명하다.

언뜻 보면 무작위로 떨어지는 것 같은 유성이지만 나름대로 법칙이 있다. 유성우가 떨어지는 모습은 해당 별자리를 중심으로 방사상으로 퍼지는 모습을 취한다. 이 지점을 유성우의 복사점이라고 한다. 이 복사점이 하늘 높이 떠오를수록 더 많은 유성을 볼 수 있다. 대개 새벽 무렵이다.

유성 관측은 다른 특수 장비가 없이 맨눈으로도 구체적인 기록을 할 수 있는 좀 특이한 분야다. 어떤 관측가들은 그냥 보거나 즐기지 않고 떨어지는 유성들을 기록하기도 한다. 그들은 유성이 떨어진 시각, 밝기, 길이 등을 기입한다. 이 기록에서 가장 중요한 것은 단위 시간당 떨어진 유성 개수다. 기록들이 모이면 해당 유성우의 복사점 이동과 시간에 따른 유성 강도 변화 등을 추적해 우주 공간을 떠도는 유성체들의 움직임을 파악하는데 도움이 된다.

유성을 관측하다보면 가끔 화구라고 부르는 대단히 밝은 유성이 떨어지기도 한다. 화구 중에는 금성 밝기보다 밝은 것들도 있어서 유성이 떨어지면 순간 그림자가 생기는 현상을 목격할 수 있다. 특이하게는 보름달만큼 밝은 화구가 떨어지기도 한다. 유성이 떨어지고 나면 유성이 지나간 하늘의 자리에 흔적이 남는다. 이를 유성흔이라 한다.

별을 보는 도구

망원경이란 무엇일까

천체망원경은 멀리 있는 것을 가까이 있는 것처럼 크게 확대해 보는 기구다. 천체망원경의 대표라 할 수 있는 굴절망원경을 살펴보자. 여러분들은 볼록렌즈를 사용해서 검은 종이에 불을 붙여본 경험이 있을 것이다. 빛이 볼록렌즈를 통과하면 작은 점으로 모인다. 볼록렌즈가 빛을 모으는 성질을 이용해 만든 망원경이 바로 굴절망원경이다.

망원경이란 모인 빛을 다시 접안렌즈로 확대해보는 원리를 이용해 만든 것이다. 빛을 모으는 방법에는 볼록렌즈를 이용하는 방법과 오목거울을 이용하는 방법이 있다. 그러므로 망

천체망원경의 원리와 종류 (Robert T. Little, *Astrophotography*, Macmillan Publishing Co. 1986)

원경의 종류는 이 두 원리에 따라 굴절망원경과 반사망원경으로 나눌 수 있다.

천체망원경으로 별을 보면 어떻게 보일까? 많은 사람들은 별이 크게 보일 것이라고 생각한다. 하지만 이것은 잘못된 생각이다. 별은 천체망원경으로 보아도 똑같은 모습의 별로 보인다. 즉 밝은 점상으로 보이는 것이다. 왜 그럴까? 별은 그 자체의 크기에 비해 매우 멀리 떨어져 있다. 그래서 별은 크기가 없는 점으로 보인다. 천체망원경으로 이 별을 크게 확대해도 크기가 없는 별은 여전히 아주 작은 상태다. 별은 망원경에서 단지 더 밝게 보일뿐 더 자세히, 더 크게 보이지 않는다.

그러나 별에 비해 가까이 있어 크기를 확인할 수 있는 태양이나 달, 또는 행성들의 경우는 다르다. 이들은 눈으로 볼 때보다 천체망원경에서 더 크게 보인다. 그럼 천체망원경으로 무엇을 볼까? 천체망원경으로 보는 대상은 별이 아니다. 태양, 달, 행성을 비롯해 별이나 성간가스가 모여 있는 성운, 성단, 은하가 바로 주요 관측 대상이 된다.

시대 따라 진화한 망원경

망원경을 누가 처음 만들었는지에 대해선 명확하게 알려져 있지 않다. 다만 오래전부터 거울을 사용해왔고, 또 안경을 발명하면서 렌즈의 특성에 대해 이미 알고 있었다. 그러나 그것을 경통에 끼워 넣어 먼 곳의 물체를 바라보는 용도로 사용하기엔 시간이 좀 더 흘러야 했다.

망원경은 16세기 중엽 영국의 딕즈, 또는 17세기 초 네덜란드의 안경제조업자인 리퍼세이가 발명했다고 알려져 있다. 안경 세공업자들이 안경을 가지고 놀다가 우연히 물체가 가까이 보이는 현상을 발견했다고 하는데 처음 발명자가 누구였는가에 대해 논란의 여지가 많다. 중요한 것은 그 이후다.

네덜란드에서 발명한 망원경 소식이 이탈리아에 전해지자 갈릴레이는 직접 망원경을 만들어보았다. 당시 그는 대학 교수의 신분이었고 또 무엇이든 만들 수 있는 실험실을 갖추고 있어서 그에게 이 작업은 매우 쉬운 일이었다. 그는 망원경을 만든 후 이것이 군사적으로 꽤 쓸모 있는 물건이라는 사실을 깨달았다. 그래서 원로원 사람들을 모아놓고 망원경 시연을

벌인다. 그는 이것이 해상에서 침투하는 적을 빨리 발견하는 데 매우 유용하다고 주장했다. 망원경의 위력에 놀란 그들이 갈릴레이에게 연구 자금을 대어주었음도 당연하다.

갈릴레이의 위대함은 단순히 망원경을 만든 것이 아니다. 다른 사람들은 망원경을 군사적인 용도로 사용할 궁리만 했던 반면 갈릴레이는 그것으로 하늘을 향했다.

맑은 가을 밤, 달을 향해 망원경을 겨누었을 때 갈릴레이는 눈이 튀어나올 만큼 놀라운 경험을 하게 된다. 완벽하다고 믿어온 하늘의 천체인 달이 실상 곰보였던 것이다. 이것은 고대 이후 지금까지 내려온 하늘에 대한 사상을 일거에 깨어버리는 충격이었다. 그 이후 갈릴레이는 망원경으로 수많은 발견을 하기에 이른다.

갈릴레이가 사용한 망원경은 약 30배 정도의 배율을 가졌다고 한다. 그는 이 망원경으로 달 표면의 크레이터를 관측했고, 목성의 4대 위성을 발견했으며 태양의 흑점과 금성, 화성의 위상 변화를 관측했다. 그는 토성의 이상한 모습도 관측했지만 아직 이것이 토성의 고리인지는 알지 못했다.

갈릴레이의 망원경은 새로운 영역을 제시해주었지만 많은 단점이 있었다. 접안렌즈인 아이피스로 오목렌즈를 사용한 그의 망원경은 정립상이라는 장점이 있었으나 시야가 매우 좁다는 단점이 있었다. 케플러는 천체의 관측에서 정립상이 별 의미가 없다는 사실을 깨닫고 더욱 개선된 망원경을 만들었다. 이것이 바로 아이피스에 볼록렌즈를 사용한 망원경으로 오늘날 굴절망원경의 기본이 되었다. 이후 샤이어는 태양 흑점에 대한 연구를 했고, 헤벨리우스는 체계적인 달 관측을 최초로 해서 1647년에 상당히 정교한 달 표면 지도를 완성했다.

오늘날과 달리 당시 렌즈 재료는 품질이 좋지 않았다. 렌즈는 특성상 내부에 작은 기포가 하나라도 있으면 상에 결함을 발생시켰으므로 큰 렌즈를 만들기에 한계가 많았다. 이것뿐만 아니라 렌즈에는 빛이 분산되는, 색수차란 고유한 단점이 있어서 정밀하고 깨끗한 상을 얻기가 어려웠다. 이러한 고민을 해결한 것이 바로 오목거울을 사용한 망원경이다. 오목거울이 볼록렌즈와 동일한 역할을 할 수 있다는 사실에 입각해 카세그레인은 거울을 사용한 망원경을 발명했다. 유명한 뉴턴도 거울을 사용한 반사망원경을 하나 고안했는데 이것이 바로 오늘날 많이 만드는 망원경인 뉴턴식 반사망원경이다.

반사망원경은 색수차의 단점을 해소했지만 그렇다고 단점이 없는 것은 아니었다. 오목거울은 빛의 반사를 위해 표면에 코팅해 사용했는데 시간이 지나면 곧 뿌옇게 부식되어 버렸다. 이것은 몇 달에 한 번씩 반사망원경을 새로 코팅해야 함을 의미했다. 반사망원경 역시 한계를 드러내고 있었다.

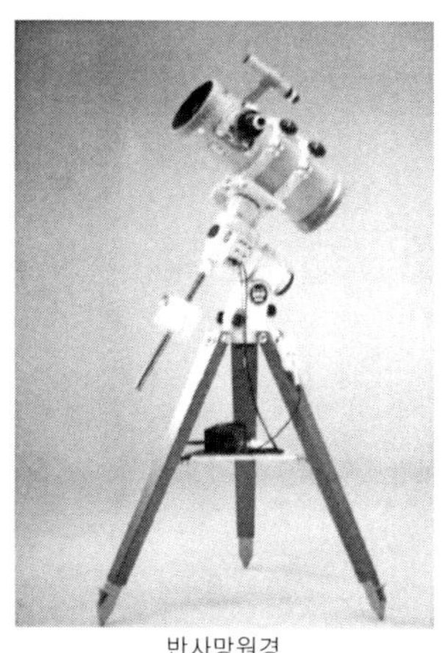

반사망원경

굴절망원경의 단점인 색수차를 해결하기 위해서는 망원경의 경통 길이를 길게 해야 했다. 이 당시의 망원경을 보면 작은 렌즈에 경통 길이만 수십 미터에 이르는, 모양이 기형적인 것들이 많다. 문제는 경통 길이가 길어지면 무거워져서 그것을 받치는 가대 또한 기하급수적으로 커져야 한다는 사실이다. 심지어 너무 무거워서 망원경의 이동이 불가능한 바람에 항상 고정된 하늘의 한 지역만을 볼 수밖에 없는 그런 이상한 망원경까지 나타났다.

17세기 후반, 색수차를 연구하던 호이겐스는 렌즈를 여러 장 겹침으로써 색수차를 효과적으로 제거할 수 있는 방법을 알아냈다. 그가 발명한 색지움렌즈를 사용한 망원경은 깨끗하고 선명한 상을 제공해주었다. 이것은 굴절망원경에 대단히 큰 발전을 가져다주었다. 이때부터 굴절망원경은 오늘날과 거의 같은 모습을 가지게 되었다.

18세기 무렵, 망원경을 사용한 천문학이 본격적으로 태동하던 그 시절, 색지움렌즈를 이용한 소형 굴절망원경이 전성기를 누렸다. 오늘날 볼만한 관측 대상으로 중시하는 메시에 목록을 작성한 프랑스 천문학자 메시에도 소형 굴절망원경을 사용한 대표적인 천문학자다.

소형 굴절망원경의 시대는 곧이어 허셀의 대형망원경 시대로 이어진다. 렌즈의 구경을 키우기가 힘든 굴절망원경에 비해 거울을 사용한 반사망원경은 대형화하기에 더욱 쉬웠다. 이 사실에 가장 먼저 눈을 뜬 사람이 영국의 윌리엄 허셀이다.

그는 대형 반사망원경으로 새로운 행성인 천왕성을 발견해 사회, 문화에 커다란 충격을 안겨 주었다. 이것뿐만 아니라 허셀은 수많은 성운, 성단, 은하들을 발견해 관측 천문학에 위대한 발자취를 남겼다.

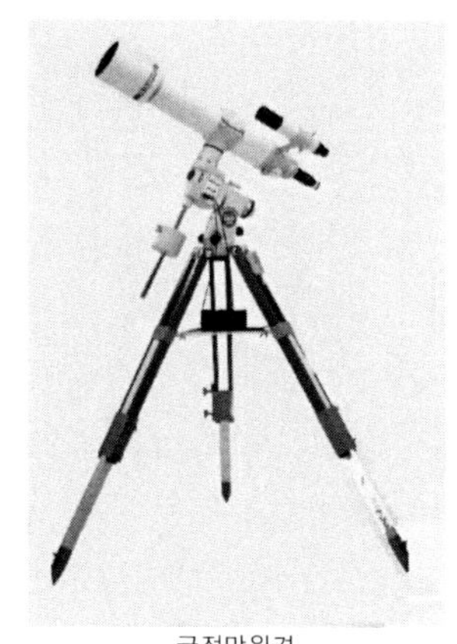
굴절망원경

20세기에 접어들면서 망원경은 더욱 대형화의 길을 걷기 시작했다. 이제는 금전면으로나 규모면으로나 한 개인이 망원경의 제작을 감당할 수 있는 시대를 넘어섰다. 즉 국가나 거대 재단에서 자금을 투입해 천문대를 건설하는 시대로 바뀌었다. 이후에도 망원경은 본격적으로 발달해 오늘날에는 각종 전파망원경, 허블 우주망원경 등에 이르게 되었다.

주위에서 볼 수 있는 망원경

천체망원경을 크게 나누어 보면 우리가 볼 수 있는 가시광선을 이용하는 광학망원경과 보이지 않는 영역인 전파를 이용한 전파망원경이 있다. 보통 흔히 말하는 천체망원경은 광학망원경만을 의미한다.

천체망원경에는 굴절망원경과 반사망원경, 그리고 이 두 가지가 복합된 망원경이 있다. 굴절망원경은 가장 초기에 개발한 망원경으로 많은 사람들에게 사랑을 받고 있고, 또 가장 익숙한 형태의 망원경이다.

굴절망원경에서 빛을 모으는 볼록렌즈를 천체망원경의 주경이라 한다. 주경은 굴절망원경의 앞쪽에 있으며 망원경의 뒷부분에는 주경에 의해 형성된 물체의 상을 똑똑히 보기 위해 아이피스라는 접안렌즈가 있다.

반사망원경은 오목거울이 빛을 모으는 성질을 이용한 것이다. 오목거울은 빛을 반사해 한 점에 모이게 하지만 이 초점이 거울의 앞쪽에 있으므로 이 상태로는 들여다 볼 수 없다. 이 때문에 반사망원경 앞에 45도로 기운 평면경을 두어 상이 맺힌 초점을 밖으로 빼낸다. 이런 형식의 망원경을 뉴턴식 망원경이라 하며 영국의 유명한 과학자인 뉴턴이 처음 발명했다.

뉴턴식 반사망원경의 가장 큰 특징이라면 눈으로 들여다보는 부분이 경통 앞부분 옆쪽에 있다는 점이다. 따라서 이 망원경으로 관측을 하려면 경통의 옆쪽으로 나있는 접안부에 눈을 맞춰야 한다. 반사망원경을 볼 때에도 경통 뒤편으로 보려고 하는 것은 망원경에 대한 무지를 드러내는 것이다.

반사망원경 중에서도 뉴턴식 반사망원경과 달리 경통 뒤편으로 접안부가 나 있는 망원경이 있다. 이런 망원경은 굴절망원경처럼 경통 뒤쪽에서 들여다보는 구조로 되어 있다. 주로 대형 천문대에 있는 망원경에 이런 형식이 많으며 카세그레인 망원경이라 한다.

슈미트카세그레인망원경

또 굴절과 반사의 장점만을 채택해 복합적으로 개발한 슈미트카세그레인망원경이 있다. 이 망원경의 형식은 카세그레인식을 닮은 반사망원경이지만 앞쪽에 굴절렌즈를 붙여 반사망원경의 단점을 일부 보완한 것이다. 오히려 어중간한 형태일 수 있으나 오늘날 아마추어들에게 인기 있는 형식의 망원경이기도 하다.

천체망원경의 아래쪽 다리 부분은 천체망원경의 경통을 지지하는 역할을 하며 가대라고 부른다. 천체망원경의 가대는 매우 튼튼해 흔들리지 않아야 제대로 별을 볼 수 있다. 천체망원경의 가대 형식은 크게 두 가지로 나뉜다.

경위대식은 망원경을 상하좌우방향으로 움직일 수 있게 하는 가대다. 경위대식 망원경으로 별을 겨눌 때는 좌우로 그 방향을 향한 다음 위쪽으로 일정한 각도만큼 올려주면 된다. 주

천체관측용 적도의식 망원경

로 초보자용으로 많이 쓴다.

망원경으로 별을 관측할 때 지구의 자전은 뜻밖으로 성가신 일을 일으킨다. 자전에 따라 별이 고정되지 않고 동에서 서로 움직이기 때문이다. 적도의식 망원경은 별이 흘러가는 방향으로 망원경이 움직일 수 있도록 해서 관측하기 편리하게 한 가대다. 즉 이 망원경은 상하좌우 대신 북극성을 중심으로 원을 그리는 방향과 이에 수직방향으로 움직일 수 있다. 적도의식은 고급 망원경에 많이 사용하며 주로 천체사진 촬영용으로 많이 쓴다.

다양한 망원경에 대해 설명을 하다 보니 혼란스러운 면이 있다. 요약을 하자면, 오늘날에는 초보자용 망원경을 제외한다면 경위대식은 드물다. 대부분 적도의식이다. 또 흔히 접하는 망원경은 굴절망원경, 반사망원경, 슈미트카세그레인망원경이라고 보면 된다.

보통 굴절망원경은 콘트라스트가 높고 가격이 비싸기 때문에 행성 관측용으로 많이 쓴다. 단초점 굴절망원경의 경우 성운성단 촬영용으로도 흔히 쓴다. 반면 반사망원경은 가격이 다른 망원경보다 저렴해 가격 대비 망원경 크기를 키울 수 있다. 그래서 주로 어두운 관측 대상인 성운, 성단 안시관측용으로 많이 사용한다. 슈미트카세그레인망원경도 반사망원경과 비슷한 특징을 지닌다. 그러나 경통 길이가 짧아서 이동성이 좋기 때문에 야외 관측용으로 그 효능을 발휘한다.

그럼 어떤 망원경이 좋을까? 망원경도 전 세계적으로 수많은 메이커 제품이 있어 선택의 폭이 넓다. 사실 좋은 망원경이 딱 정해져 있는 것은 아니다. 각각 종류별로 그 장단점이 있고 쓰임새가 있다. 또 가격 차이도 크다. 망원경을 구입하기 전에 미리 자신이 찍은 망원경으로 어떤 것을 할 수 있는지 확인한 후 실제로 구입하는 것이 좋다. 가능하다면 비슷한 제품을 이미 사용하고 있는 사람을 통해 미리 별을 본 후 구입하면 실패를 줄일 수 있을 것이다.

천체망원경 상식 몇 가지

천체망원경의 크기는 무엇으로 나타낼까? 일반인들이 저지르기 쉬운 가장 큰 실수가 바로 여기에 있다. 흔히 천체망원경의 크기를 배율로 표시하리라고 생각한다. 하지만 이것은 잘못된 생각이다. 천체망원경은 접안렌즈인 아이피스를 교체함으로써 배율이 변경된다. 즉 고정된 수치가 아니므로 망원경의 크고 작음을 나타낼 수 없다.

천체망원경의 크기는 구경으로 나타낸다. 빛을 모으는 역할을 하는 볼록렌즈나 오목거울의 직경으로 그 크기를 나타낸다. 크기가 클수록 빛을 많이 모을 수 있으므로 더 큰 망원경이 된다. 보통 구입 가능한 망원경은 100mm(4인치) 망원경, 150mm (6인치) 망원경, 200mm(8인치) 망원경이다. 망원경 가게에 가서 "100배짜리 망원경을 보여 주세요"라고 말하는 것은 무식을 드러내는 일이다. 그보다는 "100mm 구경의 망원경을 보여 주세요"라고 말하는 것이 올바르다.

천체망원경의 구경이 커지면, 즉 큰 망원경은, 빛을 더 많이 모으므로 여러 면에서 유리하다. 일단 더 밝게 보이기 때문에 더 어두운 별까지 볼 수 있다. 100mm 망원경은 11등급까지 별만 볼 수 있지만 200mm 망원경은 빛을 4배나 더 모을 수 있기 때문에 13등급까지 별이 보인다. 즉 그만큼 더 많은 별을 볼 수 있다. 이것뿐만 아니라 더 어두운 대상들, 즉 성운이나 은하 등을 볼 때 훨씬 더 유리하다.

또 망원경의 구경이 커지면 더 세밀하게 대상을 볼 수 있다. 이것을 망원경의 분해능이라고 한다. 분해능이 좋아지면 행성 관측 시 그 표면 무늬를 더 명확히 확인할 수 있고 이중성 관측에서 근접한 두 별을 더욱 명확히 분리해서 볼 수 있다. 이처럼 망원경의 구경은 그 망원경의 능력을 나타내는 일차적인 수치다.

그럼 배율은 무엇일까? 우리가 상식으로 알고 있듯이 배율은 대상을 얼마나 크게 볼 수 있는가를 나타낸다. 그러나 천체망원경으로 보는 별들은 무한히 멀리 떨어져 있어서 크기가 거의 없다고 볼 수 있다. 그래서 일반 지상을 볼 때와 좀 느낌이 다르다. 배율이 높아지면 좁은 영역을 그만큼 더 자세히 볼 수 있다고 생각하면 된다.

천체망원경의 경우 아이피스를 바꿈으로써 배율을 항상 바꿀 수 있다. 대부분의 관측가들은 고배율, 중배율, 저배율로 구분해 대상을 관측한다. 그러므로 사실 망원경에서 배율은 그리 고려할 요소가 아니다.

그렇다면 배율이 높을수록 좋을까? 그렇지 않다. 천체망원경은 그 자체의 정밀도와 빛의 물리적 한계로 인해 배율을 무한정 높일 수 없다. 어느 한계를 넘어서면 오히려 상이 흐려지기 때문에 항상 적절한 배율이 필요하다. 배율을 높일 때 또 하나의 문제점은 상이 어두워진다는 점이다. 하늘에 있는 천체들은 대부분 매우 어둡다. 그렇기 때문에 배율을 높이게 되면 오히려 잘 보이지 않는 경우가 많다. 보통 행성의 경우에는 고배율로 관측을 하며 성운이나 은하 같은 어둡고 퍼져 있는 대상들은 저배율로 관측한다.

천체망원경으로 대상을 보면 상이 뒤집어져 거꾸로 보인다. 이 사실은 천체망원경으로 지상에 있는 물체들을 겨누어보면 쉽게 알 수 있다. 천체망원경으로 보이는 뒤집혀진 건물은 초보자들에게 혼란을 주기도 한다.

천체망원경으로 달을 겨누어 보면 아이피스로 보이는 달의 모습도 뒤집혀 있다. 달의 위쪽인 북쪽이 망원경에서 아래쪽에 보이고 왼쪽에 보이는 달의 동쪽 면이 아이피스에서는 오른쪽에 보인다. 즉 망원경으로 보이는 모습은 상하좌우가 모두 뒤바뀐 모습이다.

하지만 실상 아무런 문제가 되지 않는다. 천체망원경으로 보이는 하늘은 매우 작은 면적이기 때문에 그 모습만으로는 어느 쪽이 위쪽인지 구분하기 어렵다. 지상에 있는 물체인 경우에는 뒤집혀 보이면 우리의 눈에 매우 낯설게 보이지만 천체망원경에서는 그렇지 않은 것이다. 사실 하늘에는 위아래가 없기 때문이다. 천체망원경으로 보이는 상의 모습을 180도 회전하면 원래의 모습과 똑같은 모습이 된다. 즉 우리가 관측을 하고 기록을 남겼을 때 180도를 회전하면 원래의 모습과 동일하기 때문에 전혀 문제가 없다. 관측을 하다보면 금세 익숙해진다.

간단한 탐색도구 – 쌍안경

천체망원경이 있어야 별을 볼 수 있다고 생각한다면 별보기란 상당한 부담으로 다가온다. 사실 시중에 싸구려 망원경도 많지만 그런 망원경들은 거의 쓸모없는 물건인 경우가 많다. 제대로 된 망원경을 구입하려면 비용이 만만치 않게 든다.

그러나 너무 슬퍼하지 마시라. 천체망원경 말고도 별을 보는데 도움이 되는 좋은 도구가 있다. 바로 쌍안경이다. 우리가 야구장이나 축구장에서 멀리 떨어진 선수들을 보기 위해 손에 들고 보는 작은 쌍안경도 천체 관측에선 대단한 위력을 발휘한다. 아무리 작은 쌍안경이라도 눈동자보다 훨씬 더 구경이 커서 빛을 많이 받아들이기 때문이다.

쌍안경은 그 크기를 배율과 구경으로 표시한다. 7×50 쌍안경이라면 7배에 구경 50mm인 쌍안경이란 의미다. 이중 중요한 것은 구경이며 배율은 그리 중요하지 않다. 천체용으로는 30mm를 많이 쓰며 50mm 구경이 가장 흔하다. 전문가들의 경우 100mm 이상을 쓰기도 하지만 가격이 매우 비싸진다.

쌍안경의 장점은 무엇보다도 관측의 편리성이다. 보고 싶은 순간 언제 어디에서나 바로 꺼내어 하늘로 향할 수 있다. 두 눈으로 보게 되므로 관측이 편하다는 것과 가격이 저렴하고 가벼우며 이동하기 편하다는 것도 큰 장점이다. 쌍안경은 망원경에 비해 더 넓은 시야를 확보할 수 있고 상도 밝다. 그래서 초보자들이 별자리나 은하수, 크기가 큰 성운이나 성단같은 대상을 관측하는 데에 많이 사용한다.

쌍안경을 어깨에 메고 시골로 가서 하늘 구석구석을 뒤져보면 크기가 큼지막한 성운, 성단, 은하들을 많이 만날 수 있다. 쌍안경은 망원경만큼 상세히 볼 수 없지만 나름대로 멋진 광경을 제공해준다. 쌍안경으로 밤하늘을 탐색하다보면 밤하늘에 보석이 널려 있음을 느끼게 되고 우주에 대한 이해도 넓힐 수 있다. 실제로 하늘을 한 번도 접한 적이 없는 상태에서 무작정 구입한 고가의 망원경은 오히려 짐이 될 뿐이다. 쌍안경은 그 전 단계로서 망원경으로 볼 수 있는 대상을 미리 맛보여주어 망원경에 대한 잘못된 선택을 줄여주는 효과가 있다. 또 쌍안경으로 갈고 닦은 실력은 나중에 천체망원경의 안시관측에서 대단히 유용하게 사용된다. 그래서 쌍안경은 초보자나 베테랑에게 모두 환영받는 필수품이라 할 수 있다.

작지만 반드시 필요한 것들

　초보자들은 천체망원경만 구입하면 모든 것이 다 해결된 것으로 생각하기 쉽다. 그러나 사실 천체망원경은 별을 보는 일의 시작일 뿐이다. 또 망원경을 제대로 활용하기 위해서는 다양한 천체망원경을 보조해 줄 다양한 액세서리들이 있어야 한다.

　모든 천체망원경들은 접안렌즈로 쓰는 아이피스가 필요하다. 이 아이피스를 천체망원경의 한쪽 끝에 끼워 넣은 후 눈을 대고 보게 된다. 그러므로 아이피스는 천체망원경의 부속품이지만 천체망원경만큼이나 중요한 역할을 한다. 그렇다고 아이피스가 하나만 있어서 되는 것이 아니다. 아이피스를 바꾸는 것을 통해 천체망원경의 배율을 바꿀 수 있기 때문에 최소한 3개 이상의 아이피스를 준비하는 것이 좋다.

다양한 아이피스

아이피스에도 아주 다양한 종류가 있다. 렌즈 구성 방식에 따라 매우 비싼 고급형부터 매우 저급한 것에 이르기까지 대단히 다양하다. 많은 사람들이 아이피스에 투자하기를 꺼리는 경우가 많지만 역시 좋은 아이피스는 관측을 즐겁게 만든다.

좋은 아이피스란 대부분 여러 매의 렌즈들이 결합해 있다. 렌즈 매수가 많아지면 각종 수차를 줄여주기 때문에 더 좋은 성상을 얻을 수 있다. 또 아이피스를 눈에 대고 보았을 때 보이는 둥그런 밝은 시야가 매우 넓다. 우리는 이것을 겉보기 시야라고 한다. 좋은 아이피스는 대부분 겉보기 시야가 50도를 넘는다. 이 겉보기 시야가 넓을수록 보는 맛이 시원하다. 그러므로 적어도 가장 많이 사용하는 아이피스만은 수차가 적고 겉보기 시야가 넓은 괜찮은 것으로 고르는 것이 좋다.

초보자들이 갖고 있는 가장 큰 잘못된 점은 하늘을 향해 망원경을 들이대면 하늘의 각종 진귀한 것들이 바로바로 나타날 것이라는 생각이다. 그러나 하늘은 넓다. 생각보다 엄청나게 넓다. 막연히 하늘을 향해 망원경을 겨누면 그게 그거 같은 별들만 이리저리 나타날 뿐 볼만한 것은 정말 하나도 나타나지 않는다. 그런 시간을 며칠 보내고 나면 대부분 별보기를 포기해 버린다. 그럼 어떻게 해야 할까?

우리는 모르는 길을 찾아갈 때 지도를 이용한다. 마찬가지로 하늘의 별을 찾아가려면 하늘의 지도가 필요하다. 하늘의 지도를 성도라고 한다. 별자리를 찾는 정도라면 별자리 관련 책 하나면 충분하지만 별자리 구석구석에 숨어 있는 여러 볼

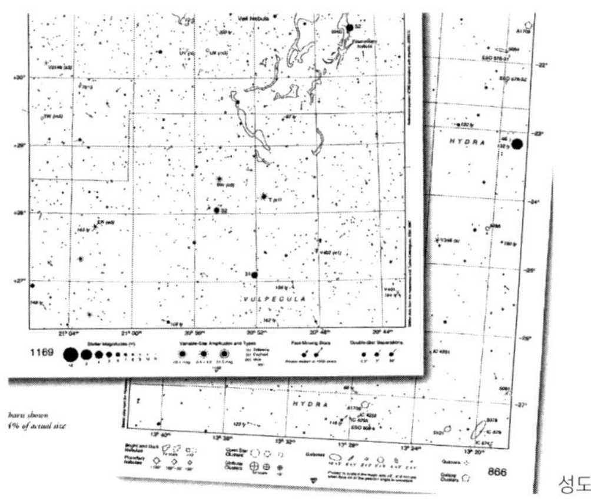

성도

거리들을 찾으려면 더욱 세밀한 성도가 필요하다. 성도에는 하늘에 있는 밝은 별들과 그 별 주변에 존재하는 각종 성운, 성단, 은하들이 표시되어 있다. 성도는 표시된 가장 어두운 별의 등급으로 그 세밀한 정도를 알 수 있는데, 가장 많이 사용하는 것은 6등급 성도와 8등급 성도다. 6등급은 맨눈으로 볼수 있는 별의 한계 등급이므로 초보자들에게 가장 적합하다. 보통 10여 쪽으로 구성되어 있다. 8등급은 천체망원경으로 좀 더 어두운 대상을 찾고자 할 때 사용하게 된다. 요즘에는 책으로 된 성도 밖에도 컴퓨터용 소프트웨어 성도도 많이 나와 있으므로 취향에 맞게 사용하면 된다.

이 성도를 밤이 아닌 낮에 일단 펴놓고 그날 밤에 뜨는 별자리부터 확인을 해야 한다. 별자리를 확인한 후 그 주변에 유명한 성운이나 성단 등이 있는지 살펴본다. 그리고 그 대상이 있는 곳까지 찾는 법을 미리 성도에서 숙지해 둔다. 물론 밤에 벌어지는 실전에서도 성도를 항상 옆에 끼고 있어야 한다. 그리고 낮에 살펴 둔 찾아가는 길을 밤에는 망원경으로 실제 하늘의 길과 성도를 대조해 가며 찾아가게 된다. 분명한 것은 성도와 친해질수록 밤하늘과도 친해진다는 사실이다.

별이 내리는 여행

하늘에서 별이 내리던 날

지난 1998년과 1999년 11월 18일은 사자자리 유성우가 내릴 것으로 예측된 날이었다. 이 유성우는 33년을 주기로 한 번씩 태양에 접근하는 템플-터틸혜성에서 떨어져 나온 조각에 의해 발생한다. 사자자리 유성우는 그 집중도가 다른 유성우와 비교도 안될 만큼 매우 강해 33년마다 말 그대로 비처럼 쏟아지는 유성비를 볼 수 있는 천문현상이었다. 33년 전인 1966년에는 미국에서 초당 40개, 시간당 10만개 이상에 달하는 유성이 떨어졌다. 눈을 들어 하늘을 보았을 때 항상 수십 개의 유성이 비처럼 떨어지는 모습을 볼 수 있을 정도였으니 대단한 장관이었을 것이다. 이런 엄청난 천문현상이 눈앞에 다가오자 전 세계의 모든 관측가들이 이 날을 눈이 빠져라 기대하고 있었다.

1998년의 사자자리 유성우는 동북아시아지방, 즉 우리나라와 만주, 일본 등지에서 최상의 유성우를 볼 수 있다고 예측했으므로 국내 아마추어들은 더욱 흥분에 싸여 있었다. 또 다른 이들보다 더 좋은 관측지를 찾아 유럽 등지의 많은 아마추어들이 유성우를 보기 위해 우리나라로 오기도 했다.

유성우가 예정되어 있던 11월 17일 낮의 날씨는 그리 좋지 않았다. 그러나 하늘이 도왔는지 오후가 되면서 기온이 내려갔고 하늘이 개이기 시작했다. 다행히 유성우가 떨어질 18일 새벽하늘은 맑을 것으로 예상됐다. 달마저 없는 밤이었기 때문에 모든 조건은 최상이었다.

언론에서 유성우에 대해 상세히 보도를 해주었기 때문에 대부분의 사람들은 이날 밤 유성우가 내린다는 사실을 알고 있었다. 그날, 많은 사람들이 야외로 나가 하늘을 올려다보았고 평소에 별에 무관심하던 사람들도 새벽에 일어나 창문 밖을 바라보았다. 그러나 고대하던 유성비는 내리지 않았다. 평소보다 월등히 많은 시간당 약 500여개에 달하는 유성이 떨어져 내렸지만 기대하던 수준은 아니었다. 그 바람에 많은 사람들이 실망을 했다.

유성은 정확한 예측이 어려운데다 돌발적인 변수가 많아 예상대로 맞아떨어지는 경우가 거의 없었다. 30여년이나 기다린 그날도 마찬가지였다. 기대에 미흡하게 98년이 지나가고 99년이 다가오자 또다시 기대감에 모두 다시 하늘을 쳐다보았다.

98년과는 달리 99년의 유성우는 유럽 지역이 가장 좋은 조건이었으며 우리는 상대적으로 좋지 않았다. 그런 와중에도 혹시나 하는 기대가 여전했다. 상당수의 사람들은 98년의 실망감으로 무덤덤하게 보냈지만 별을 보는 사람들의 마음가짐은 남달랐다. 그들에게 이 유성우는 그야말로 일생의 중요한 현상인 것이다.

결론을 말하면, 유성우가 예정된 99년 11월 18일 새벽에는 비가 내렸다. 그 하루 전날은 구름이 많았으나 약간의 별을 볼 수 있었고 유성도 제법 떨어져 다음날의 유성비를 기대하게 만들었다. 그러나 정작 당일에는 유성은커녕 별마저 볼 수 없었다. 별을 보는 사람들은 미리 대기한 관측지에서 혹시나 하며 하늘을 올려다보았지만 처량하게 비만 주룩주룩 내렸다. 그렇다고 포기할 수는 없었다. 혹시나 하는 마음에 힘들었지만 3일째 하늘을 지켜보기로 했다. 3일간 밤잠을 거의 못자면서 야영을 한다는 것은 대단히 어려운 일이다. 그것도 한여름이 아니라 한겨울이 임박한 늦가을이었으니 그 어려움은 오죽할까. 이젠 체력 싸움으로 바뀌었다. 하루 뒤인 1월 19일 새벽에 하늘은 그 보답을 약간 해주었다. 상당수의 유성이 떨어졌다. 98년보다 약간 많은 시간당 700여개의 유성이었으며 3일간 밤잠을 설치며 하늘을 감시한 사람들에게 좋은 선물이 되었다.

2000년부터 사자자리 유성우는 소강상태로 접어들 것으로
예상되었다. 또 달의 영향으로 조건도 좋지 않았다. 혹시나 하
는 마음으로 보초를 선 사람도 있었지만 유성을 볼 수 없었다.

놀랍게도 기회는 2001년에 또다시 도래했다. 유성 연구가
들에 의해 2001년에도 돌발적인 유성비 가능성이 예고된 것
이다. 이미 4년째 연례행사처럼 지속되는 유성 관측이었고, 또
번번이 다소 실망을 안게 되었지만 이 날을 놓칠 수 없었다.
많은 사람들이 준비를 했고 야외로 나가 밤잠을 자지 않고 대
기를 했다. 다행히 2001년 11월 18일 밤은 하늘도 맑았다.

11월 19일 새벽, 유성을 기대하며 하늘을 쳐다보고 있던 사
람들에게 하늘이 마침내 엄청난 선물을 주었다. 시간당 약
3000개에 달하는 유성비가 쏟아져 내렸다. 1966년만큼 많은
숫자는 아니었지만 우리나라에서 이렇게 많은 유성이 떨어져
내린 것은 최근 100년 동안 없던 일이었다.

대부분의 사람들은 지금까지 평생 동안 본 유성의 수보다
이날 하루 밤에 본 유성의 수가 훨씬 더 많았다. 하늘 높이 떠
오르는 사자자리를 중심으로 사방으로 퍼져나가는 수많은 유
성들은 보는 사람들의 입을 쩍 벌어지게 했다. 말 그대로 장관
이었다. 그날 단 하루, 유성을 보기 위해 열성적인 사람들은
98년부터 약 4년 동안 해마다 유성이 예고된 11월 18일을 전
후로 3~4일 밤을 뜬눈으로 감시해왔다. 이처럼 특별한 열정
으로 별을 보는 사람들이 있다. 이러한 열정이 하늘이 보내준
선물을 놓치지 않고 결국 잡을 수 있도록 해준 것이다. 별을

사자자리 유성

본다는 것이 단순히 편하게 즐기는 취미가 아님이 여기서 극명하게 드러난다.

별을 볼 수 있는 날은 많지 않다

사람들 대부분 우리나라는 맑은 날이 많다고 알고 있다. 청명한 가을 하늘뿐만 아니라 여름철 찌는 태양빛 등을 항상 경험하는 우리로서는 비 오는 흐린 날씨보다 해가 쬐는 맑은 날씨가 더 익숙한 것이 사실이다. 그러나 신기하게도 별을 보기 시작하면 우리나라의 기상이 절대 맑은 날이 많지 않다는 사실을 알게 된다.

일단 맑은 날이라는 개념 자체가 일반 사람과 별을 보는 사람은 다르다. 보통 사람들은 햇볕만 들면 날이 맑다고 하지만 별을 보는 사람은 하늘에 구름 한 점 없고 대기 투명도가 높은 그런 날만을 맑은 날이라고 생각한다. 이런 기준으로 본다면 우리나라에서 맑은 날은 한 달에 단 며칠에 불과하다. 우리가 생각하는 것보다 별을 볼 수 있는 날은 많지 않다.

별을 보기 위해서는 하늘의 날씨 말고도 또 하나의 큰 장애물이 있다. 바로 달이다. 달은 너무나 밝아서 하늘에 달이 떠 있으면 별이 거의 보이지 않는다. 달빛에 가려 대부분의 별빛이 사라지기 때문이다.

그러므로 보름달이 뜨면 별을 보는 사람들은 개점한 동시에 휴업한 상태가 된다. 아주 드물게 보름달을 관측하는 경우도 있지만 흔한 일이 아니다. 초저녁에 반달이 뜨면 비록 보름달만큼 밝지 않더라도 여전히 별을 보기 어렵다. 이런 시기에는 달이 진 새벽에야 비로소 관측이 가능해진다.

평균 한 달 중 15일은 달이 별빛을 방해하고 있다. 달이 없는 그믐을 전후한 10여일이 가장 별을 보기 좋은 시기다. 달빛을 피할 수 있는 10여일 중 날씨마저 맑을 확률은 생각보다 매우 적다. 그래서 예상과 달리 별을 자주 보기란 매우 어렵다. 여기에다 대부분의 사람들은 평일에 별을 보러 갈 수 없다. 주말이어야 한다는 조건이 또다시 붙는다면 이것은 보통 문제가 아니다. 실제로 별을 볼 수 있는 날은 거의 3~4개월에 한번, 주말에 별을 볼 기회가 생긴다.

많은 아마추어 관측가들이 날이 맑은, 달 없는 주말이 되면 만사를 제쳐놓고 별을 보러 가게 되는 것도 이러한 이유 때문이다.

별보기 좋은 곳을 찾아

별을 보려면 어디가 가장 좋을까? 우리는 서울 같은 대도시에서 별이 잘 보이지 않음은 누구나 알고 있고, 산꼭대기에 있는 천문대와 같은 곳에서 별이 잘 보인다는 사실 또한 잘 알고 있다.

별이 잘 보이는 첫째 조건은 불빛이 없어야 한다는 것이다. 밤을 밝히는 가로등, 네온사인, 차량 불빛 등 모든 불빛은 별을 보는 사람에게 방해물이다. 그래서 관측 장소는 무조건 불빛이 없는 곳이어야 한다. 도심에서 별을 봐야 한다면 일단 가로등과 같은 밝은 불빛을 무조건 피한다. 그것만으로도 별은 한층 잘 보인다.

둘째는 되도록 도시에서 멀리 떨어진다. 불빛은 도심을 벗어날수록 줄어든다. 또 도시에서 멀리 떨어질수록 공기 중에 먼지가 적어져 별이 잘 보인다. 별은 서울시보다 가까운 근교인 경기도에서 잘 보이고, 경기도보다 강원도에서 더 잘 보인다.

셋째는 높은 산으로 갈수록 좋다. 세계에서 유명한 천문대는 하와이, 안데스산맥 등 해발 2000m 이상 높은 곳에 있다. 높은 곳이 좋은 이유는 대기의 영향을 적게 받기 때문이다. 높은 곳일수록 별빛이 대기에 흡수되는 양이 적기 때문에 별이 더 밝아진다. 우리나라의 경우 그만큼 높은 산이 없지만 조금이라도 더 높은 곳이어야 별이 더 잘 보인다.

넷째는 강이나 바다 주변을 피한다. 강이나 바다 같은 물

주변은 별을 보기에 그리 좋은 장소가 아니다. 불빛처럼 직접 방해하지 않지만, 안개가 자주 끼고 대기가 습하기 때문에 별을 보는데 방해가 된다. 날씨가 건조한 장소와 계절에 별이 더 잘 보인다.

별이 가득한 은하수

우리나라에서 별이 잘 보이는 곳은 어디일까? 먼저 천문대들이 자리 잡은 곳을 살펴보면, 경북 영주 지방에 있는 소백산과 경북 영천 부근의 보현산이 있다. 이 두 곳은 도심과 멀리 떨어져 있고, 해발고도가 높으며 길이 잘 나 있어 별보기에 매우 유리한 장소다.

이밖에 별이 잘 보이면서 접근하기 쉬운 곳으로 알려진 곳은 지리산 노고단 성삼재 부근, 강원도 함백산 육상선수촌, 강원도 계방산, 강원도 태기산 등이 있다. 하지만 이처럼 멀리 떨어진 곳을 찾아간다는 것은 쉬운 일은 아니다.

일반 관측자들이 즐겨 찾는 곳은 대도시 근교의 야산 중턱이다. 수도권 관측자라면 주로 양평이나 가평 같은 곳이 된다. 이정도만 벗어나도 확실히 불빛이 적어져서 하늘의 별이 잘 보인다. 맑은 날 저녁이 되면 손쉽게 망원경을 챙겨서 차에 싣고 떠날 수 있도록 한두 시간 정도의 거리에 있는 관측할 만한 장소를 개발해 두는 것도 매우 좋은 방법이다.

그러나 사실 그보다 더 중요한 것은 집 주변에서 가까운 곳이라도 불빛을 피해 별을 자주 볼 수 있는 장소를 마련해두는 일이다. 집 옥상이나 주변 공터, 또는 한강 고수부지 등에서 틈이 나면 하늘을 올려보는 것이다. 하늘을 가까이 할수록 별과 더 친근해진다.

천문대를 방문해볼까

별을 보려는 생각을 가진 사람들은 참으로 많다. 어린 시절의 꿈을 찾기 위해서 별을 보려는 사람도 있고 자식 교육을 위해서 별을 보려는 사람도 있다. 그러나 무척 쉬울 것 같던 별보기가 구체적인 활동으로 들어가면 뜻밖으로 까다롭고 어려워서 대부분 손을 들고 만다. 안타까운 현실이다.

초보자로서 별을 보기 위해 천체망원경부터 구입하는 것은 좋은 방법이 아니다. 그렇게 구입한 수많은 천체망원경들이 방구석에 놓여 울고 있다. 더 좋은 방법은 천체망원경을 보여주는 곳을 찾아가는 것이다.

국내에도 많지는 않지만 별을 보여주는 천문대가 몇 군데 있다. 그중 일부는 초보자들을 대상으로 꽤 괜찮은 교육 프로그램을 운영하고 있어서 추천할 만하다.

먼저 국가에서 운영하는 천문대로는 연구시설인 보현산 천문대와 소백산 천문대가 특정 기간에 일반인에게 개방한다.

천문대

주로 시설 관람이긴 하지만 때에 따라서는 숙박하며 소형 망원경으로 천체를 직접 보는 기회를 제공하기도 한다. 관련 기관에 문의하면 상세 내역을 알 수 있다. 가족이 함께 과학 문화에 빠져들기에 이보다 더 좋은 방법은 없다.

현재 국내에는 각 도 단위로 과학교육원이나 과학관에 천문대를 보유하고 있다. 이 시설들은 과학의 날이나 또는 특정 기간 동안 지역 주민들을 위해 개방한다. 관심을 가지면 일 년에 며칠 있는 이러한 행사에 어렵지 않게 참여할 수 있다. 많은 시간은 아니지만 우주에 대한 호기심을 충족하기에 충분하리라고 본다. 일단 이런 경험을 몇 번 해본 다음, 이것이 부족하다고 느낄 때부터 직접 천체망원경을 구입해 뛰어들기를 권한다.

일반인이 영리 목적으로 운영하는 민간천문대도 많이 있다.

주로 경기도와 강원도 일대에 많이 분포해 있다. 이들 사설천문대들은 주로 학생들 단체 캠프를 대상으로 하지만 가끔 가족 단위의 방문객도 이용 가능하다. 또 비록 교육 내용이 열악하지만 망원경을 구비한 펜션에서 하루를 보내는 것도 추천할 만하다. 최근 강원도와 충청도 등지에 소형망원경을 구비한 펜션들이 많이 늘어나고 있는 추세다. 여름을 맞아 야외로 나가는 김에 이런 펜션에서 하루 밤을 지내보는 것도 더없이 운치 있는 일일 것이다.

이처럼 각종 천문대를 통해 별을 보는 경험을 한번이라도 쌓아보면 현실이 이상과 다르다는 사실을 깨닫게 된다. 또 천체망원경으로 하늘을 보면 막연히 상상하던 모습과 좀 다르다는 것도 느끼게 된다. 책에서 주로 본 밤하늘 사진들과 실제 망원경으로 별을 보는 모습은 다르다. 그 차이를 실감한 다음에야 본격적으로 별보는 취미에 뛰어들 수 있다.

사실 별을 보는 취미는 대단히 어려운 취미다. 여러 전문지식 공부를 해야 하는 것도 어렵지만 그보다 야밤에 잠을 자지 않고 해야 하는 일이기 때문이다. 게다가 한겨울에는 추위와 싸워야 한다. 또 집안에서 편히 할 수 있는 것이 아니라 야외로 돌아다녀야 한다. 게다가 날씨마저 아주 좋아야 하고 달이란 것이 항상 방해를 하기 때문에 시간도 잘 맞추어야 한다. 생각보다 까다로운 점이 한두 가지가 아니다. 그러나 그렇기 때문에 하고나면 더욱 즐거운 성취감을 느낄 수 있다.

별과 사람의 축제 – 스타파티

　별을 보는 행동은 지극히 개인적인 행동이지만 홀로 하기에 어려운 점이 많다. 일단 밤에 하는 일이어서 깜깜한 어둠 속에 혼자 있기가 무섭기도 하거니와 외롭기도 하다. 그래서 별 보는 사람들은 대부분 같은 취미를 가진 사람들끼리 몰려 다니기를 좋아한다. 즉 자연스럽게 모임을 형성한다.

　그러므로 제대로 별을 보려면 모임에 참여하는 것이 좋다. 모임에 참여하면 별에 관한 정보도 얻을 수 있고, 다른 사람들의 장비도 구경할 수 있다. 또 맑은 날 서로 연락해서 함께 야외로 나갈 수도 있으니 좋은 점이 많다.

　모임에 참여해 함께 별을 보다보면 자신과 회원만을 위한 별보기에서 벗어나 더욱 많은 사람들에게 별을 알려줄 수 없을까 하는 고민을 시작한다. 이런 취지에서 일반 사람들에게도 별을 보여줄 수 있는 행사를 기획하기 시작한다. 이를 스타

스타파티

별이 내리는 마을

파티라고 한다.

별을 보는 사람이 많은 미국에서 스타파티는 흔히 볼 수 있는 행사다. 주로 지역 단위로 모이지만 때로는 미국 전역에서 수많은 별보는 사람들이 모이기도 한다. 유명한 행사로는 텍사스 스타파티와 스텔라펜 같은 것이 있다. 일본이나 호주 같은 곳에서도 일 년에 몇 차례 비슷한 행사가 열린다. 스타파티 문화는 아마추어 천문이 활성화되어 있는 나라에서는 어디서나 볼 수 있다.

국내에도 스타파티가 일 년에 서너 군데에서 열리고 있다. 그중 가장 유명한 것은 '한국아마추어천문인의 밤', 일명 '별잔치'라고 부르는 행사다. 이 행사는 일 년에 한 번씩 중부지역에서 열린다. 별을 보려는 사람이나 별을 보여주려는 사람이라면 누구나 예고 없이 참여할 수 있으며 참가비도 없다. 대개 늦여름에서 초가을 사이에 열리며 인터넷에서 그 소식을 미리 알 수 있다. 이밖에도 약간의 참가비를 내면 많은 장비와 별을 구경할 수 있는 하룻밤 행사가 전국 여러 지역에서 열리고 있다.

스타파티 행사에서는 많은 사람들이 망원경을 가지고 와서 일반인들에게 별을 보여주며 자기들끼리 정보도 교환한다. 스타파티 행사는 별을 보는 사람들의 정보교류 측면이나 또 천문 인구의 저변확대와 나아가 기초 과학 보급 측면으로도 크게 기여한다고 할 수 있다.

별을 보는 사람들 아마추어 천문 이야기

펴낸날	초판 1쇄 2007년 4월 30일
	초판 3쇄 2020년 6월 27일
지은이	조상호
펴낸이	심만수
펴낸곳	(주)살림출판사
출판등록	1989년 11월 1일 제9-210호
주소	경기도 파주시 광인사길 30
전화	031-955-1350 팩스 031-624-1356
홈페이지	http://www.sallimbooks.com
이메일	book@sallimbooks.com
ISBN	978-89-522-0639-8 04080
	978-89-522-0096-9 04080 (세트)

※ 값은 뒤표지에 있습니다.
※ 잘못 만들어진 책은 구입하신 서점에서 바꾸어 드립니다.